Der Weg zur inneren Ruhe

**Wie Entspannung optimal im Alltag
funktioniert und wenig kostet**

Andrea Meiling

Bibliografische Information der Deutschen Nationalbibliothek
Die Deutsche Nationalbibliothek verzeichnet diese Publikation in der
Deutschen Nationalbibliografie; detaillierte bibliografische Daten sind im
Internet über http://dnb.d-nb.de abrufbar.

1. Auflage © 2010 Eulenbuchverlag
Autor: Meiling, Andrea
Buchblock, Layout u. Korrektur:
Werbe-&Texteragentur-Gifhorn
Herstellung und Verlag: Books on Demand GmbH, Norderstedt
ISBN 9783842312647

Vorwort

Mit wenigen Tricks effektiv und trotzdem noch kostengünstig entspannen? Wie das geht? Dieses Buch verrät es Ihnen.

Stress, Leistungsdruck und Beziehungsprobleme sind heute an der Tagesordnung und bestimmen unseren Lebensrhythmus. Die normale Folge – unsere Gesundheit, die Leistungsfähigkeit sowie das Wohlbefinden wird nachhaltig beeinträchtigt. Das reicht bis zum berühmten Burn out, weil die innere Ruhe fehlt.

Doch so weit muss es nicht kommen, ziehen Sie einfach im Alltag kurz die Reißleine und entspannen Sie sich bewusst. Das ist tatsächlich möglich und kostet nicht viel. Mitunter müssen Sie nur einige kleine Gewohnheiten verändern und nicht viel Geld ausgeben für Yoga-Kurse & Co.

Unsere Tipps und Tricks kann jeder anwenden, ob Hausfrau, Student oder während der Arbeit. Mitunter benötigen Sie nur 5 min für einige Übungen, um eine innere Entspannung von drei Stunden oder mehr zu erreichen.

Dieses Buch wurde im Vorfeld von mehreren Testpersonen getestet und bekam ein 98%iges positives Feedback.

Wir wünschen gute Unterhaltung und viel Spaß bei der Umsetzung.

Andrea Meiling   Juni 2010

Was ist eigentlich Wellness?

Als neuer Trend wird die derzeitige Wellness-Bewegung bezeichnet, doch ist der Wellness-Begriff wirklich so neu? Dazu muss erst einmal der Inhalt von Wellness geklärt werden. Wellness zeigt sich heute als neuer Ansatz, der Gesundheit und Wohlbefinden als wesentlichen Bestandteil des Lebens wahrnimmt, den es zu schützen und bewahren gilt. Dabei stehen verschiedene Möglichkeiten offen, wie Wellness ausgelebt wird, aus denen man auswählen kann, was jedem mehr seinen Vorstellungen und Wünschen entspricht.

Der Begriff „Wellness" wird auf den griechischen Philosophen Epikur zurück geführt. Epikur wurde cirka 342 vor Christus geboren und soll der Begründer der epikureischen Philosophie sein. Diese Philosophie bezeichnet Vergnügen als Zweck und Lust ist durch den Gedanken zu erreichen. Epikur vertrat also die Meinung, dass durch richtiges Denken ein glückliches Leben möglich ist. In diesem Punkt ist seine Auffassung konform mit dem Grundgedanken der meisten Wellness- Formen.

Weiter formulierte Epikur, sei echte Glückseligkeit nicht durch die Sinneslust erreichbar, sondern durch das weise Abwägen des Genusses, also eine Art Balance. Das Ziel der Glückseligkeit ist nach Epikur die Ruhe der Seele, was letztlich auch das Ziel sämtlicher Wellness- Bemühungen ist – die Entspannung und das Wohlbefinden der Seele im Einklang mit dem Körper.

Wellness als Genuss wurde schon von den Römern praktiziert, welche in ihren berühmten Bädern sogar Dispute oder Geschäfte abhielten.

Im Mittelalter verliert sich die Spur der Wellness, erst ab den 70iger Jahren lebte der Wellness- Gedanke wieder auf. Naturkost, Gesundheit wie die dazu notwendige Ernährung erlangten durch immer mehr neue Erkenntnisse der Psychologie und Medizin ein neues Bewusstsein.

Mehr als 600 Techniken zur Wellness entwickelten sich mittlerweile, einige wurden verworfen, aber der Großteil hat heute noch Bestand. Diese Entwicklung hat den Weg somit geöffnet zum zweiten Gesundheitsmarkt: der Wellness.

Wellness- Wochenende für Paare

Dem Alltag entfliehen und sich so richtig verwöhnen lassen? Das ist möglich mit einem Wellness-Wochenende und bietet sich nicht nur für Frauen an. Auch immer mehr Männer wissen diesen kleinen Luxus zu schätzen und begleiten ihre Frauen oder Freundinnen gern auf die Reise.

Mittlerweile hat auch die Tourismusbranche diese Nische entdeckt und das Angebot für Paare erweitert. So sind mehrere Tage für sehr viel Geld zu haben, aber auch **kleinere Budgets** kommen nicht zu kurz. Ansprechende Wochenendreisen sind bereits ab 99 Euro für zwei Personen inkl. Frühstück und Massage zu buchen.

Eine Umfrage unter den Anbietern zeigt, dass besonders Wochenendreisen mit Wellnessangeboten immer beliebter werden, als eine Art kleinen Ausstieg aus dem Alltag.

Dabei gehören zum Standard: Massagen, Sauna, Aromatherapien, Ruheräume mit Entspannungsmusik und Verpflegung nach gesundheitlichen Aspekten. Das Programm lässt sich in den meisten Hotels problemlos um weitere Wellnesspakete wie ein Kosmetikprogramm erweitern. Besitzt das Hotel ein Schwimmbad, so ist dessen Nutzung in der Regel kostenfrei. Doch auch kleine Pensionen bieten diesen Service für ein verlängertes Wochenende in der Preiskategorie **bis maximal 200 Euro** an.

Für Paare gibt es Pakete, wie „nimm zwei und zahle eins", ein romantisches Wellnesswochenende oder speziell zusammen gestellte Programme. Hier steht der Ruhe- und Genussfaktor vorrangig im Mittelpunkt, da diese Reisen auf Eltern bzw. gestresste Paar abzielt.

Wer es lieber mit **asiatischer Wellness** ausprobieren möchte, auch hier sind preiswerte Reisen verfügbar. Akupunktur, asiatische Massagen- und Aromatechniken beinhalten die Standards. Erweiterungen wie Reiki- Behandlungen, Meersalztherapien, verschiedenen Trinkkuren und anderem sind möglich. Welche weiteren Möglichkeiten zu buchbar sind, können im Hotel oder vorab beim Anbieter erfragt werden. Wer richtig sparen möchte und trotzdem ein umfassendes Programm genießen will, sollte den Begriff „Lastminute- Wellnessreisen" in der Suchfunktion des Internets eingeben. Ein Einsparpotential von mehr als 50 % ist möglich, man muss nur bereit sein, kurz entschlossen loszufahren.

Tipps für einen preiswerten Wellness- Tag zu Hause

Ein Wellness- Tag zu Hause kostet nicht viel und ist mit wenig Aufwand schnell bewerkstelligt. Wer zum Beispiel seinem Partner mit etwas Ungewöhnlichen überraschen möchte und über nicht ausreichende Mittel verfügt, um ein Wellness- Wochenende zu buchen, für den dürfte diese Idee interessant sein. Die Vorbereitungen nehmen nicht viel Zeit in Anspruch und die eventuell entstehenden Kosten sind gering.

Nachfolgend stellen wir einen Tipp für einen Wellness- Abend mit einer Dauer von 3,5 Stunden vor.
Beginnen sollte man mit einer **Peeling-Dusche**. Ganzkörper- Waschpeeling ist preiswert von Nivea erhältlich oder es wird Duschpeeling benutzt. Der Kostenfaktor liegt hier bei etwa 2 bis 3 Euro. Unter der Dusche wird der Peeling mit Wasser zu einem Brei

gemischt und dann übers Gesicht und den Körper gerubbelt. Laut Feng-Shui soll das negative Energien wegspülen, in denen man sonst baden und so wieder in sich aufnehmen würde. Die Dauer beträgt hier etwa 15 Minuten.

Ein wohltuendes und gemütliches **Bad** sorgt für den Abbau von Stress und sorgt für Wohlbefinden. Ein aromatisches Badeöl kostet maximal 3 Euro und zusammen mit etwas Sahne oder Milch wie ein paar Blumenblättern kann es entspannend wirken.

Während das warme Wasser einläuft, kann nach den Empfehlungen eine Peeling- Dusche bereits erfolgen. Beim Baden sollte entweder eine **Reinigungsmaske** (1 Euro) aufgetragen oder zumindest schon mal vorab mit Waschcreme oder Gesichtswasser (1 bis 3 Euro) die Poren vorreinigen.

Kurz vor dem Verlassen der Wanne können die Haare mit einem **milden Shampoo** (2 – 3 Euro) gewaschen und ausgespült werden. Wer möchte, kann zum Schluss die Hornhaut an den Füßen (und vielleicht an den Ellenbogen) abrubbeln. Die Dauer beträgt hier etwa 20 bis 35 Minuten.

Eine **Haarkur** kostet nicht mehr als 3 bis 4 Euro und ist in den meisten Fällen zu Hause vorrätig. Wird diese nach dem Haare waschen aufgetragen, so entspannt das die Kopfhaut.

Während der Einwirkzeit der Haarkur ist eine **Massage mit Körperölen** oder einer Feuchtigkeitslotion Stress lösend und angenehm für den Körper wie für die Seele. Die Dauer beträgt hier nicht mehr als 10 bis 15 Minuten.

Nachdem die Haarkur ausgespült wurde, sind ein vorgewärmter Bademantel und eine ruhige Umgebung mit leiser Musik genau richtig, um etwa 10 bis 20 Minuten zu **relaxen**.

Anschließend sollten die Haare mit einem grobzackigen Kamm vorsichtig durchgekämmt und aus dem Gesicht zurückgesteckt werden. Denn als nächstes bietet sich ein **Kamille- Dampfbad** an. Dazu wird ein großer Topf mit Wasser zum Kochen gebracht, dann vom Herd genommen und zwei Handvoll getrockneter Kamillenblüten in das heiße Wasser hinein gegeben. Wer keine getrocknete Kamille zur Hand hat, der kann auch auf 2 Liter heißes Wasser 4 Beutel Kamillentee geben. Das Ganze lässt man nun unter geschlossenem Deckel 10 Minuten ziehen und holt sich ein großes Badehandtuch. Wird der Deckel abgenommen, dann muss der Kopf über den heißen Dampf gehalten werden, das Badetuch deckt Topf und Kopf ab, so dass eine Art **Sauna- Effekt** entsteht. Wer es keine der 10 bis 15 Minuten unter dem Dampfbad aushält, sollte ab und zu nach frischer Luft schnappen oder einfach eher aufhören.

Nach Beendigung des Dampfbades wird das Gesicht behutsam mit einem weichen Tuch abgetupft. Unreinheiten wie Pickel oder Mitesser werden mit Hilfe eines Kleenex ausgedrückt. Das Gesicht muss nun mit einem **Gesichtwasser** abgetupft werden, denn das verschließt die Poren. Das ganze Dampfbad kann bis zu 30 Minuten dauern.

Eine selbst angefertigte **Gesichtsmaske** aus Quark und Honig kann nun auf dem Gesicht und dem Hals auftragen werden. Dabei wird die Augenpartie frei gelassen (man kann wahlweise mit noch warmen, ausgedrückten Teebeuteln - Kamille Extrakt oder Schwarztee - oder einer kalten Gel-Augenmaske den Augenbereich behandeln). Auch ein paar Scheiben Gurke können das Hautbild verbessern.

Nun legt man sich am besten hin und relaxt bis zu einer halben Stunde. Bei unreiner Haut soll eine **Hefe- oder Heilerdemaske** sehr gut sein. Mit dem Anrühren der Maske beträgt die Dauer etwa 45 Minuten. Dann die Gesichtsmaske gründlich abwaschen.

Eine **Mani- und Pediküre** kann sich an die Gesichtsmaske anschließen. Bei Nagelproblemen sind verschiedene Öle sehr hilfreich, werden diese regelmäßig angewendet. Speziell bei brüchigen Nägeln kann eine Mischung aus einigen Esslöffeln Olivenöl mit 1-2 Spritzern Zitronensaft helfen. Nach der Pflege Hände und Füße, diese nochmals eincremen. Hier liegt die Dauer bei 30 Minuten.

Abschließende Tipps:

Am Schluss noch einmal die **Lieblingsgesichtscreme** oder das bevorzugte Gel auftragen, falls die Haut immer noch ein wenig Feuchtigkeit benötigt.

Das Lieblingsparfüm auflegen und ein **wohltuendes Getränk** einschenken. Hier ist die Palette breit gefächert, manche mögen lieber einen heißen Kakao oder ein Glas Rotwein. Erlaubt ist das, was am meisten entspannt.

Allgemeines zu Entspannungstechniken

Ständig sind wir in Beruf und Privatleben körperlichem wie geistigem Stress bzw. Anspannung ausgesetzt. Die möglichen Folgen sind unter anderem Einschlafstörungen, nervöse Störungen, Aufbau von zusätzlichem Stress, nicht selten Trennungen vom Partner wie ein Herzinfarkt. Bevor ein Burn out einsetzt oder der Körper die Notbremse in Form eines Kollapses zieht, sollte eines der allerorts angebotenen Entspannungsprogramme in Erwägung gezogen werden.

In **Kursen für Entspannungstechniken** erlernt man, wie durch bestimmte Übungen eine körperliche Entspannung und Gelassenheit im Alltag erreichen kann. Dabei beruhen diese Techniken und Übungen auf **ritualisierte Phasen**, in denen gewisse Vorstellungen und Empfindungen vorgegeben werden. Je öfter eine Wiederholung dieser Übungen stattfindet, umso schneller setzt eine Konditionierung ein und dadurch kann eine effektive Entspannung in kürzester Zeit auch außerhalb des Kurses erreicht werden.

Für welche der vielen Techniken man sich letztlich entscheidet, bleibt jedem selbst überlassen. Einige Übungen werden auch von der **Krankenkasse angeboten und bezahlt**. Dabei ist egal, ob man einen Kurs an einer Volkshochschule in Anspruch nimmt oder bei einem Therapeuten. Doch es werden nur bestimmte Entspannungsverfahren bezahlt.

Da es eine Vielzahl von Entspannungsmethoden gibt, wird im Folgenden ein kleiner Überblick zur Orientierung über die bezahlten Techniken gegeben.

Am bekanntesten ist das **autogene Training**, wobei durch Autosuggestion und willentliche Beeinflussung des vegetativen Nervensystems der gesamte Körper entspannt wird. Autogenes Training hat sich auch als **kurzzeitige Entspannung** bewährt und wird von den Krankenkassen bezahlt. Fantasiereisen funktionieren ähnlich. Durch die körperliche und geistige Entspannung wird Stress durch das Aufrufen angenehmer Bilder und Vorstellungen abgebaut.

Meditation ist ein Zustand tiefster Entspannung, der durch Ruhe und Konzentration auf einen Gegenstand oder einen Gedanken erreicht wird. Mit etwas Übung kann man sich in einen Trancezustand versetzen, in welchem sich Anspannungen und Ängste auflösen.

Yoga ist leicht erlernbar und seit Jahren beliebt. Durch langsame wie konzentrierte Atem- und Gymnastikübungen werden die Muskeln entspannt, der Kreislauf und die Konzentration verstärkt.

Weitere Entspannungstechniken wie die **Mitchell Technik, Qi-Gong, Thai Chi Chuan und die progressive Muskelrelaxation** ist weniger bekannt und wird von den Krankenkassen **nicht** bezahlt. Deshalb sind sie nicht schlechter, jedoch muss die medizinische wie gesundheitliche Wirkung erst in Langzeituntersuchungen nachgewiesen werden.

Trotzdem sollte man sich an den verschiedenen Entspannungsmethoden nicht den Spaß verderben lassen und regelmäßig etwas für Geist und Körper tun.

Wohlfühlen in den eigenen vier Wänden

Wie wir wohnen, beeinflusst uns und unsere Seele ungemein. Deshalb ist es wichtig, dass unsere Wohnungen kleine Wohlfühloasen sind, in denen wir uns entspannen und die Seele baumeln lassen können. Feng Shui könnte eine Lösung für ein angenehmes Wohnen sein. Doch wer sich schon einmal versucht hat, an diese fernöstliche Lehre zu halten bei der Einrichtung der Wohnung, wird festgestellt haben, wie kompliziert die Umsetzung letztlich ist. Jedoch mit einigen wenigen Veränderungen kann eine große Wirkung erzielt werden, ohne dass man ein Meister der chinesischen Einrichtungskunst werden muss.

Jeder braucht eine Art Lieblingsplatz, an dem er Ruhe und Entspannung tanken kann. Wer eine Katze hat, kennt das vielleicht. Auch diese Mitbewohner haben einen Lieblingsplatz, an den sie sich zurückziehen.

Schnell und einfach ist solch eine Ruheoase hergestellt. Eine Hängematte, ein bequemer Schaukelstuhl oder einige dicke Kissen auf dem Boden laden zum Verweilen oder Lesen ein. Dieser Platz sollte möglichst weit entfernt von störenden Einflüssen sein und über gedämpftes Licht verfügen.

Farben beeinflussen uns ständig. So können Einschlafstörungen an den uns umgebenden Farben liegen. Blau wirkt beruhigend, nur muss jetzt nicht das ganze Schlafzimmer blau gestrichen werden. Blaue Vorhänge oder eine blaue Tagesdecke reichen schon aus. Den Farbpinsel kann man in der Küche schwingen und diese in gelben Farbtönen streichen. Denn wer gelbe Wände hat, soll morgens wacherer und besser gelaunt sein.

Kleine Details wie Mitbringsel aus dem Urlaub oder Sammelstücke bringen individuelle Atmosphäre in einen Raum. Um eine gute Stimmung zu erzeugen, sollten diese gut sichtbar aufgestellt werden und mit positiven Erlebnissen verbunden sein. Licht ist ungeheuer wichtig für die Seele. Weiches Licht hilft dabei eher zu entspannen, als grelle Spots oder Strahler. Auf flackernde oder blinkende Lichter ist es besser zu verzichten. Diese können bei einem Menschen noch mehr Stress hervorrufen. Ordnung in den Räumen, in welchen man sich ständig aufhält, beruhigt und baut nachweislich Stress ab. So kann auch zu Hause eine Wohlfühloase mit Kleinigkeiten erstellt werden, in der man Ruhe tanken kann.

Wellness und Schlafqualität

Der Grundgedanke von Wellness und Gesundheit beruhen hauptsächlich auf der Entspannung. Dazu zählt auch eine gute Schlafqualität. Durch einen gesunden Schlaf werden die Immunkräfte gestärkt, der Körper wie der Geist kann sich erholen und die täglichen Aktivitäten können besser wahrgenommen werden. Somit tragen Ruhephasen und ein tiefer Schlaf zur positiven Entspannung bei.

Stress, Sorgen und Leistungsdruck lassen die Deutschen aber immer schlechter einschlafen. Aus dem mangelnden Schlaf resultieren eine Zunahme von Stress, Konzentrationsmangel und Nervosität. Letztlich kann damit kontinuierlicher Schlafmangel in schwerwiegenden Erkrankungen münden. Die Ursachen sind aber nicht immer in psychischen Problemen zu suchen. Auch Erkrankungen der oberen Atemwege, Schnarchen, der Genuss von

Alkohol oder zuviel Inaktivität am Tag lassen einen Menschen schlecht oder gar nicht einschlafen.

Eine Möglichkeit, um besser zu schlafen, ist die Einnahme von Medikamenten. Das mag zu Anfang vielleicht helfen, doch die dauerhafte Einnahme birgt auch das Risiko des Gewöhnens an das Medikament in sich. Dies kann zu einer Abhängigkeit führen. Da dieser Schlaf auf mehr oder weniger nicht natürliche Weise hergestellt wird, ist er auch nicht sehr erholsam. Müdigkeit am Tag, Abgeschlagenheit sind sehr oft die Folge.

Eine gesunde und ausgewogene Ernährung trägt viel zu einem besseren Schlaf bei. Dabei sollte der Gebrauch von Salz und Zucker eingeschränkt werden, besonders in den Abendstunden. Bananen besitzen einen Wirkstoff, welcher das Einschlafen fördert. Jedoch sollte auf die Milch mit Honig verzichtet werden. Hier hilft im Prinzip nur das eigentliche Ritual, denn im Honig ist Zucker, der den Körper wieder auf Trab bringt. Ein Abendspaziergang hilft meistens viel mehr als das abendliche Joggen, denn es wird Sauerstoff ganz in Ruhe getankt, der Geist kommt zur Ruhe und erholt sich.

Kaffee, schwarzer Tee und Nikotin wirken lang anhaltend aufputschend und der Körper benötigt bis zu 8 Stunden, um die Schadstoffe abzubauen. Dagegen kann ein heißes Bad, zwei Stunden vor dem Schlafen gehen, mit Kräuterölen wie Melisse oder Baldrian Wunder wirken. Der Körper hat Zeit sich zu entspannen und zu genießen. Das Beste ist natürlich, wenn der Abend der Entspannung dient. Probleme können in Form eines Tagebuchs verarbeitet werden. Das Einführen von Ritualen hat ebenfalls eine positive Wirkung auf die Schlafqualität.

Nicht einschlafen zu können, ist äußerst frustrierend. „Schäfchen zählen" frustriert noch mehr. Dann sollte man sich lieber ein langweiliges Buch vornehmen und darin ein Kapitel lesen. Die Atmosphäre im Schlafzimmer ist ebenfalls wichtig. Farben wie blau oder grün beruhigen. Unordnung bringt ein Gefühl von Chaos mit sich und lässt schlechter einschlafen. Elektrische Geräte sollten auf ein Minimum im Schlafraum reduziert sein und nicht auf Stand by laufen. Die Wirkung von Elektrosmog auf den Schlaf und die Gesundheit ist zwar nicht wissenschaftlich eindeutig belegt, doch einige Studien geben Anlass zur Sorge. Entspannungstechniken und eine gute Matratze tun ein Übriges, um erholsam und tief zu schlafen.

Entspannungsbäder

Schon die Römer kannten die wohltuende Wirkung von Bädern und hielten Besprechungen und Dispute in Bädern ab. Die Badekultur erreicht derzeit einen nie geahnten neuen kosmetischen wie gesundheitlichen Höhepunkt. Entspannungsbäder gehören zum Wellness- Standard vieler Angebote in Hotels, die sich auf Erholung und Entspannung spezialisiert haben. Doch auch zu Hause ist schnell so ein Bad mit großem Ergebnis für Gesundheit und Wellness vorbereitet.

Einer der schönsten Momente am Tag ist die Zeit für ein ruhiges Entspannungsbad und von vielen wird so ein Bad als die Entspannung bzw. Wellness pur bezeichnet. Nicht ohne Grund, denn der Körper entspannt sich durch die Wärme des Wassers und die Seele genießt. Ein Entspannungsbad hat ungeahnte

Vorteile und sollte bei großem Stress oder Einschlafstörung unbedingt genommen werden.

So reguliert ein Entspannungsbad den Stoffwechsel, baut Stress ab, hilft bei Muskelschmerzen, Neurodermitis und Rheumatismus. Gesicherte Erkenntnisse gibt es über die positive Wirkung von Entspannungsbädern bei Schmerzen. Frauenärzte empfehlen bei der Geburt oder bei Unterleibsschmerzen ein warmes Bad zur Linderung und Entspannung.

Heilpraktiker schwören auf den Zusatz von Badesalzen oder bestimmten Zusätzen, die zusätzlich den Entspannungseffekt fördern und zudem für die Gesundheit durch beispielsweise Inhalieren einen positiven Aspekt haben. Tatsächlich unterstützen Kräuterzusätze oder Heilsalze bestimmte Wirkungen des Bades. Dabei muss aber darauf geachtet werden, um welche Beschwerden es geht. So kann ein Zusatz mit Eukalyptus Erkältungsbeschwerden lindern, Orangenblüten haben eine belebende Wirkung auf die Sinne. Lavendel und Limone entspannen die Muskulatur und Rosendüfte bereiten eine romantische Atmosphäre. Heilsalze helfen bei Hautproblemen und sind in Apotheken oder Drogerien erhältlich.

Zusätze können auch allein zubereitet werden. Rechnet man aber den Aufwand und die Kosten zusammen, dann ist der Kauf von Badesalzen oder aromatischen Schaumbädern weitaus günstiger. Wer es aber gerne ausprobieren möchte mit einem selbst zubereiteten Badezusatz, sollte es mit folgendem Rezept probieren:

Sahnebadzusatz

Sahne wie Öl pflegen die Haut und machen sie geschmeidig. Je nach Hauttyp ist eventuell das Eincremen nach dem Bad nicht mehr nötig. Die ätherischen Öle haben medizinische sowie pflegende Resultate haben. Das richtet sich nach dem Öl, was verwendet wird.

Für ein Vollbad werden benötigt:

ca. 50 ml Schlagsahne
ca. 1 EL Öl (z.B. Olivenöl, Walnussöl oder Mandelöl)
ca. 1 TL Tensid oder herkömmlicher Badezusatz ohne ätherische Wirkstoffe (als Emulgator)
einige Tr. ätherisches Öl (z.B. Lavendel)

Das Öl in Sahne geben und gut umrühren. Mit dem Badezusatz zu einer einheitlichen Masse vermengen. Der Badezusatz kann auch weggelassen werden. Dann verbinden sich Öl und Sahne aber nicht so gut, bzw. es muss sehr kräftig gerührt werden. Das ätherische Öl kann nach Belieben hinzugefügt werden, muss aber nicht. Die Sahne kann man durch 100 ml Milch ersetzen. An Stelle von Öl (oder zusätzlich) kann noch ein Esslöffel Honig hinzu gegeben werden. Es geht auch ohne Seife. Dann verbinden sich Öl und Sahne allerdings nicht so gut bzw. es muss sehr kräftig gerührt werden. In diesem Falle kann Mischung auch nur mit der Brause verteilt werden.

Die Vorbereitung für ein Bad allein oder zu zweit setzt in erster Linie Ruhe voraus. Musik kann den beruhigenden Effekt verstärken. Kerzenschein, ein leichter Snack oder ein gutes Buch sorgen für zusätzliche Entspannung. Für ein Bad zu zweit sollten alle dafür benötigten Utensilien in der Nähe aufgebaut werden. Eine anschließende Massage mit Mandelöl kann der krönende Abschluss eines solchen Bades sein.

Zeitmanagement

Zeit steht dem Menschen nur begrenzt zur Verfügung. Zeitmangel führt zu Stress im privaten wie beruflichen Bereich. Oft wird fehlende Zeit für mangelnde Entspannung als Grund angeführt. Firmen geben viel Geld aus, um ihre Manager in Zeitmanagement schulen zu lassen. Dabei geht es nicht darum, jeden Tag auf die Sekunde genau zu planen, um ein größeres Pensum in kürzester Zeit zu schaffen, sondern Zeit soll optimal eingeteilt, Prioritäten gesetzt werden und man möchte verschwendeter Zeit auf die Spur kommen. Das lässt sich auch umlegen auf private Bereiche. So können sich Beruf, Familie und Gesundheit in ein vernünftiges Gleichgewicht bringen lassen. Schauen wir uns das genauer an.

Erst einmal muss jeder für sich klären, was ihm alles wichtig ist und dies nach Prioritäten ordnen. Doch allgemein lassen sich drei Ziele definieren: Beruf,

Privatleben, Gesundheit. Nun muss geklärt werden, wo die Ursachen für Zeitmangel sind und diese dann beseitigen. Mit dem Klären der Ziele ist schon ein Punkt im mangelhaften Zeitmanagement abgehakt, nämlich das Fehlen von Zielen. Falsche Prioritäten können durchaus Zeit rauben und wer keine Prioritäten hat, verschwendet ebenfalls Zeit, da dieser Mensch ziellos ist. Weitere Ursachen für Zeitprobleme sind Entscheidungsschwäche (die Arbeit nimmt Überhand, weil man nicht nein sagen kann), mangelhafte Planung im kurz- wie langfristigen Bereich, uneffektive Arbeitsweisen. Wer seine Arbeit nicht delegieren kann, auch der verschenkt sich jede Menge Zeit.

Nun muss versucht werden, diese Ursachen zu beseitigen und das kann sich schwierig gestalten, denn einige dieser Fehler in der Zeitplanung entstehen durch falsche Rituale oder Vorstellungen. Hier helfen andere Familienmitglieder, Freunde oder Kollegen sicher gern und das auch langfristig. So steht einem stressfreien und effektiven Arbeiten, einer notwendigen Konzentration auf das Wesentliche, der Schaffung von Freiräumen für Familie wie Entspannung und somit zum Erhalt von Gesundheit und Wohlbefinden nichts mehr im Wege.

Wohlfühlbesuch in der Sauna

Ein Besuch in der Sauna gehört zu dem Wellness- Vergnügen schlechthin. Ob nun allein oder zu zweit in den eigenen vier Wänden, in einem Schwimmbad bzw. in einem Hotel, will man die Sauna richtig genießen, dann ist es wichtig, einige entscheidende Dinge zu wissen und zu beachten.

Bevor die Sauna aufgesucht wird, geht man duschen. Die dabei verwendeten Waschmittel müssen gründlich abgespült werden. So kann die Haut besser schwitzen, wenn die Poren frei sind. Schmuck wie Uhren legt man vorher ab. Metallteile und Kunststoffe können stark erhitzen bzw. schmelzen und damit Verbrennungen hervorrufen. Danach kann die Sauna aufgesucht werden. In öffentlichen Saunabädern ist es die Regel, dass man aus hygienischen Gründen ein eigenes Handtuch mitbringt.

Die Temperaturen in einer Saunakabine betragen zwischen 70 bis 100 Grad Celsius. Die sehr trockene Warmluft steigt nach oben und deshalb ist es für Anfänger besser sich nicht nach oben zu setzen, sondern auf den unteren Bänken einen Platz sich zu suchen. Durchschnittlich beträgt ein Saunagang nicht mehr als 10 Minuten und mehr als zwei Saunagänge pro Besuch werden nicht durchgeführt, sonst wird der Kreislauf belastet. Anfänger müssen nicht mit den Fortgeschrittenen Schritt halten. Es spielt das eigene Wohlbefinden eine Rolle und wer seinen Saunagang nicht so lange aushält, darf diesen ruhig verkürzen.

Oft wird der Schwitzreiz durch einen Aufguss erhöht. Durch den Zusatz von ätherischen Ölen kann der Gesundheit einerseits etwas Gutes getan werden, andererseits schwören erfahrene Saunagänger auf diesen Genuss, da die Luftfeuchtigkeit erhöht wird. Sicher hat man das schon einmal gesehen, wie Wasser auf einen heißen Stein gegossen wird. Bei Herz- und Kreislauferkrankungen sollte vor einem Saunabesuch der Arzt befragt werden. Dieser gibt Tipps und Empfehlungen, die man unbedingt befolgen sollte. Dann steht in diesen Fällen einem Saunagang nichts entgegen.

Akupressur – die Kunst der sanften Massage

Auf dem unangefochtenen Vormarsch bei den Behandlungsmethoden sind fernöstliche Heilmittel und Techniken wie Reiki bzw. Akupunktur. Nun kommt eine neue Technik hinzu, welche verwandt mit der Akupunktur ist, die Akupressur. Unwillkürlich wenden wir sie an, wenn uns etwas weh tut. Das Reiben der Stirn bei Kopfschmerzen oder das Berühren einer schmerzenden Stelle sind Urformen der Akupressur.

In der Akupressur sind außerdem Punkte bekannt, die entfernt von der schmerzenden Stelle und trotzdem behandelbar sind. Die traditionelle chinesische Medizin geht davon aus, dass der menschliche Körper 20 Leitbahnen (Meridianen) besitzt, in welchen die Lebensenergie fließt. Durch eine Massage dieser Stellen soll eine Verbindung zu anderen Organen geschaffen werden.

Akupressuren bieten in der traditionell chinesischen Medizin ausgebildete Ärzte und Heilpraktiker an. Mit Hilfe dieser Druckmassage behandelt der Therapeut aber nicht nur körperliche Beschwerden, sondern auch seelische Erkrankungen werden positiv beeinflusst. Wer aber annimmt, dass er alles damit heilen könnte, befindet sich in einem Irrtum. Liegen geschädigte Knochen, Organe oder Muskeln vor, dann bringt auch die beste Akupressur nichts. Dasselbe gilt für Herz- Kreislauf- Erkrankungen bzw. entzündeten Hautstellen. Schwangere Frauen sollten sich von ihrem Hausarzt vor einer Behandlung beraten lassen. Meistens spricht nichts gegen eine Akupressur in der Schwangerschaft, aber bestimmte Punkte können vorzeitige Wehentätigkeit auslösen.

Gegen eine Selbstbehandlung mit der Druckmassage spricht nichts. Doch damit die Akupressur richtig wirkt, muss eine Kenntnis von den entsprechenden Punkten, ihrer Lage und dem Zusammenwirken mit anderen Punkten und Organen vorliegen. Schaubilder vermitteln ein ungefähres Orientierungsmuster, aber ein Fachmann sollte bei der Unterweisung helfen. So lernt die betreffende Person auch, welcher Finger eingesetzt werden muss. Nach solch einer Einweisung besteht die Möglichkeit, Akupressur in der Selbstbehandlung erfolgreich anzuwenden.

Massagetechniken „Die Knetmassage"

Verspannungen entstehen durch eine falsche Sitzhaltung, zuviel Stress oder das ungewohnte Tragen von etwas Schwerem. Von allein gehen diese Verspannungen nicht weg und schnell wird klar, es wird Zeit für eine Massage. Krankenkassen übernehmen diese Leistungen nur als Bestandteil von Reha- Maßnahmen. Und ein guter Masseur ist teuer.

Einige Massagetechniken lassen sich leicht erlernen und anwenden. Eine davon ist die Knetmassage. Vor dem Massieren sollen störende Nebengeräusche abgestellt werden und für eine entspannende Atmosphäre gesorgt werden. Nur wenn sich der zu Massierende richtig entspannt, kann die Massage auch ihre Wirkung entfalten. Leise Musik im Hintergrund kann ebenso entspannen wie ein Glas Wein.

Im privaten Bereich wird am meisten die Knetmassage als Massagetechnik angewandt. Zum Lockern verspannter Rücken-, Schulter- und Nachenmuskulatur, und für schwere Beine und Arme ist diese Technik geeignet. Dazu werden die flachen Hände auf die Körperpartie aufgelegt und gleichmäßig wie bei einem Teig gründlich durchgeknetet. Daher auch der Name „Knetmassage".

Doch Vorsicht ist geboten, Fingernägel können sich unangenehm anfühlen, wenn diese sich in die Haut des zu Massierenden bohren. Bei dieser Art der Massage muss man sehr sanft vorgehen und sich an den Wünschen des Massierten orientieren. Leichte

Schmerzen an stark verhärteten Muskelpartien sind normal, da diese Stellen zuerst aktiviert werden müssen, um sich danach wieder zu lockern.

Das Resultat der Massage kann aber auch ins Gegenteil umschlagen, ist zum Beispiel der ausgeübte Druck zu schmerzhaft. Wer zum Beispiel an Ödemen leidet, sollte an den betroffenen Stellen auf eine Knetmassage verzichten. Aufgrund der erhöhten Durchblutung kann es hier zu einer verstärkten Bildung von Lymphflüssigkeit, zu Blutergüssen oder der Ruptur von Blutgefäßen kommen.

Massagetechniken „Druckmassage"

Das Massieren in den eigenen vier Wänden sollte entspannen und entkrampfen. Damit es dazu kommt, ist es gut, wenn sich Masseur und der zu Massierende sich kennen und gegenseitig vertrauen. Darum eignen sich alle Massagetechniken auch als Partnerschaftsmassagen sowie als Vorspiel. Ein gemeinsames Schaumbad vor der Massage sorgt für reichlich Entspannung und stimuliert die Sinne.

Es gibt verschiedene Druckmassagen. Besonders angenehm sind einfache Formen einer japanischen Fingerdruckmassage (Shiatsu). Dabei werden auf den verspannten Körperpartien kreisende Bewegungen mit Hilfe der Handflächen, Fingerkuppen und Ellenbogen mit leichtem Druck ausgeübt.

Die Druckmassage bzw. Akupressur ist sanfter als die Knetmassage und lockert die Muskulatur auf allmählichere Art und Weise. Darum eignen sich Druckmassagen für jede Körperpartie. Nur der Bauch sollte, wegen der unter der Bauchdecke liegenden Organen, sehr vorsichtig behandelt werden. Auf die Sensibilität der Wirbelsäule muss gleichfalls Rücksicht genommen werden.

Doch nicht nur der Oberkörper profitiert von dieser Massageart. Eine besondere Form der Druckmassage ist die Fußreflexzonenmassage. Die traditionelle chinesische Medizin geht davon aus, dass jedem Bereich der Fußsohle ein bestimmtes Organ des Körpers beigeordnet ist. Schmerzen in einem bestimmten Bereich des Fußes sollen auf eine

Erkrankung dem Bereich zugeordneten Organ deuten. Ob man sich dieser Überzeugung nun anschließt oder nicht, ist egal, Tatsache ist, dass eine Massage der Füße wunderbar entspannend ist und eine Wohltat für die Füße. Weiter kann diese Massage ein Wohlbefinden für den ganzen Körper auslösen. Am besten funktioniert diese Druckmassage, wenn ein Fuß in beide Hände genommen wird und die Sohlen mit leichten, kreisenden Bewegungen der Daumen nach außen hinweg massiert werden.

Massagetechniken „Die Reibungsmassage"

Für den richtigen Genuss einer Massage müssen einige Vorbereitungen getroffen werden. Erst eine angenehme Umgebung und ein entspannendes Ambiente sorgen dafür, dass sich die Muskulatur vor der Massage bereits lockert und dem Masseur viel Kraft erspart. Duftlampen mit Ölen wie Orange, Sandelholz oder Vanille stimulieren den Geruchssinn und gedämpftes Licht wirkt beruhigend auf die Augen.

Die Reibungsmassage entspricht in ihrer Ausführung fast der Druckmassage. Mit Fingern oder Handflächen führt man auf der Haut ebenso kreisende Bewegungen durch. Jedoch wird hier die Haut mehr gerieben als geknetet oder gedrückt. Diese Massageform wird bei allen Durchblutungsstörungen und jeglichen Muskelverspannungen bevorzugt.

Für einen besseren Massageeffekt sollte ein Öl mit belebenden oder entspannenden Wirkstoffen ausgewählt werden. Minze zum Beispiel wirkt entkrampfend und belebend zugleich. Zitrone und Orange löst Verspannungen, fördert die Durchblutung und gibt ein Wohlgefühl zurück. Rosenöle beruhigen die Nerven, wirken gegen Nervosität und glätten die Haut. Massageöle können im Internet aber auch in Reformhäusern, Drogerien und Apotheken erworben werden. Apotheker beraten auch gern über den möglichen Effekt, den das Öl haben kann.

Im Ayurveda, einer alten Heilkundelehre aus Indien, gibt es neben vielen Formen des Yoga und der Meditation auch einige Massagetechniken, die ausschließlich auf der Basis der Reibungstechnik arbeiten. Wellnesshotels bieten diese Massagen als Standard an. Dann handelt es sich aber um eine Ganzkörpermassage, wobei sich verschiedene Massagenarten abwechseln. In der Regel wird eine Kräuterpaste bei der Massage eingesetzt und durch sanfte Reibung in die Haut eingearbeitet. Außer dem Entspannungseffekt soll die Paste weiter eine entschlackende Wirkung haben. Die Paste besteht im Grunde aus groben Salz, Kampfer und Eukalyptusöl und hat eine Peelingwirkung auf die Haut. Rezepte für Massageöle findet man im Internet.

Massagetechniken „Die Streichmassage"

Jede Massageart hat ihre eigene Wirkung. Die unterschiedlichen Techniken lassen sich durch den Ablauf der Bewegungen unterscheiden, wie durch kneten, drücken, reiben, streichen, klopfen oder vibrieren. Dabei ist es wichtig, dass man sich vor der Massage überlegt, welchen Effekt an welcher Körperstelle hervorgerufen werden soll und wie stark die Technik ausgeübt bzw. miteinander kombiniert werden.

Die Streichmassage ist eine der vielen Massagetechniken, welche mit den flachen Handflächen ausgeführt wird. Die Streichrichtung ist immer zum Herzen hin, was einmal die Durchblutung fördert sowie die Muskulaturverspannungen auf sanfte Art und Weise lockert und löst. Neben den üblichen verspannten Körperteilen wie Rücken, Schulterbereich oder Beine, kann die Streichmassage auch zu einem jüngeren Aussehen verhelfen. Wird zum Beispiel die Vital-Massage regelmäßig im Gesicht angewandt, werden Falten reduziert und der Haut durch die Durchblutung ein frischeres wie gesünderes Aussehen verliehen. Unterstützt kann dieser Effekt noch durch eine Feuchtigkeitscreme oder –lotion, besonders wenn die Haut sehr trocken ist oder strapaziert wird.

Die Streichmassage eignet sich besonders für schwangere Frauen. Da diese Massage sanft und unter nur geringem Druck ausgeführt wird, löst sie die Verspannungen bei hochschwangeren Frauen im Nacken, in den Beinen und am Rücken. Die Massage findet im Sitzen statt und hat für Mutter und Kind eine entspannende sowie erholsame Wirkung, die durch Massageöle unterstützt werden kann. Diese Massageart kann beim Einschlafen und bei Nervosität helfen. Schlecht durchblutete oder stark belastete Beine werden durch diese Massage entlastet. Streichmassagen werden auch gern während der Wehen eingesetzt, um der werdenden Mutter Linderungen in den Wehenpausen zu verschaffen. Der werdende Vater erhält nach der Geburt eine „Klopfmassage".

Massagetechniken „Die Klopfmassage"

Es gibt Massagetechniken, die man sich erst einmal ansehen oder zeigen lassen sollte, da sie sonst gesundheitliche Schäden anrichten können, werden sie von jemanden durchgeführt, der ein Laie auf dem Massagegebiet ist. So bieten viele Volkshochschulen Kurse zum Erlernen dieser Massagen an. Diese Kurse kosten zwischen 50 Euro bis 100 Euro pro Person und sind über mehrere Stunden verteilt. Ein Kursleiter, meistens ein gelernter Masseur oder Physiotherapeut, erklärt anschaulich die verschiedenen Techniken und lässt die Kursteilnehmer die Massagen selbst ausführen, bis sie diese beherrschen. Auch erotische Partnerschaftsmassagen sind im Kursangebot.

Die Klopfmassage ist eine dieser Massagen, die erlernt werden sollte. Bei dieser Massage wird mit den Fingern, Handflächen oder Knöcheln in regelmäßigen kurzen Rhythmus auf die Haut geklopft. Wird die Anwendung sanft ausgeführt, können die geballten Fäuste eingesetzt werden. Wer diese Technik nicht erlernt hat, fügt unter Umständen dem Massierten blaue Flecken, eventuell Verletzungen und auf jeden Fall größere Verspannungen zu.

Besonders gut kann mit der Klopfmassage die mittlere und untere Rückenmuskulatur von Verspannungen gelöst werden, ohne dass dabei die Durchblutung der Haut stark verändert oder gestört wird. Diese Massagen helfen auch bei Verdauungsstörungen und fördern den Stoffwechsel. Zum Beheben von Atemwegsproblemen wie Bronchitis und Asthma wird diese Massageart schon lange eingesetzt. Denn die schwingenden Bewegungen, die durch das Klopfen auf den Rücken entstehen, lassen den festsitzenden Schleim in der Lunge locker werden und damit kann dieser schneller abfließen. Bei dieser Art der Massage sollte unbedingt darauf geachtet werden, dass die Wirbelsäule nicht mit in die Klopfmassage einbezogen wird, weil diese zu empfindlich ist und leichter blaue Flecken bekommen kann.

Massagetechniken „Die Vibrationsmassage"

Massagen werden nach Ganzkörper- oder Teilkörperbehandlungen unterschieden. Eine Ganzkörpermassage umfasst das Massieren des ganzen Körpers, einschließlich Füße, Beine, Hände, Arme, Rücken, Nacken und Schultern. Diese Massage ist eine reine Wohlfühlmassage, die nicht als Therapie von den Krankenkassen verschrieben wird. Die Teilkörpermassage nimmt sich zur Massage ein Körperteil vor, wobei die Arme bzw. die Beine als ein Teil gezählt werden. Jeder gelernte Masseur verfügt über seine bevorzugte Technik und wird bei einer Teilkörpermassage das Massieren auf die angrenzenden Bereiche ausweiten.

Die Vibrationsmassage ist eine schwierige und anstrengende Massage, die erlernt werden muss. Die Vibrationen lassen sich am besten durch Hilfsmittel erzeugen. So kann das Band des Bandmassagegerätes die notwendigen Vibrationen hervor rufen, damit werden Problemzonen massiert, besser durchblutet und gestrafft. Die beliebteste Form dieser Massage ist der Einsatz des Whirlpools. Die im Whirlpool entstehenden Blässchen verteilen die Vibration auf der Haut und regen gleichzeitig die Durchblutung an. Wer aber keinen Whirlpool Zuhause hat, muss nicht auf die wohltuende Wirkung verzichten. Man kann die Wirkung genauso gut mit einer einfachen Duschbrause oder einem Whirlpooleinsatz für die Badewanne erzielen.

Ohne Hilfsmittel wie Massagestäbe oder Massagekissen ist eine Vibrationsmassage nur schwer auszuführen. Die Vibrationen werden durch ein Muskelzittern erzeugt. Dabei legt der Masseur die Fingerspitzen oder beide Hände flach auf die betroffene Stelle und rüttelt leicht vor und zurück auf der Haut. Dabei bewegen die die Hände leicht auseinander. Die Wirkung der Massage kann tiefer gelegene Organe wie Gewebe erreichen. Verspannungen werden so sanft gelöst und haben einen krampflösenden Effekt. Eine Kombination der verschiedenen Massagearten ist durchaus möglich und mitunter wünschenswert, da verschiedene Druckarten ebenso eine Lockerung hervorrufen können.

Der Weg zur inneren Ruhe – Entspannungstechniken

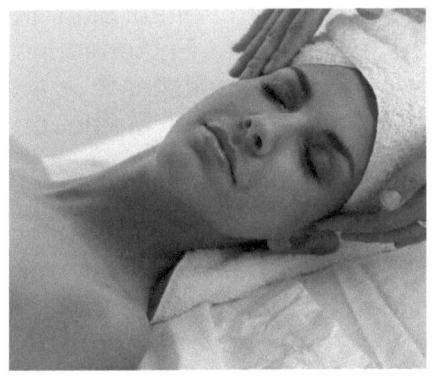

Rund 90 % der erwachsenen Bevölkerung gibt zu, regelmäßig gestresst zu sein. Die Ursachen sind vielfältig und liegen kurz zusammengefasst, im ständig wachsenden Leistungsdruck im privaten wie beruflichen Bereich, in Existenzängsten, in der Jagd nach Schönheitsidealen oder einfach nur im allgemeinen, entstandenen Druck. Dieser dauerhafte Stress führt wiederum zu körperlichen Beschwerden wie zu dauerhafter Anspannung, Schlafstörungen, Verspannungen, Kopfschmerzen und Nervosität.

Dem kann mit Entspannungstechniken entgegen gesteuert werden, doch kaum jemand hat das Geld oder die Zeit, um eines der vielen angebotenen Relaxprogramme oder Entspannungsübungen zu besuchen. Yoga und autogenes Training sind die bekanntesten Formen von Entspannungsmethoden, die wirkungsvoll entspannen und auch die Seele zur Ruhe bringen.

Einige Krankenkassen bezahlen und fördern mittlerweile Programme zur Stressreduktion, da nachgewiesenermaßen Krankschreibungen auf Grund von stressbedingten Faktoren auf dem Vorlauf sind. In Kursen werden die Techniken zur Entspannung erlernt. Aber ohne die innere Bereitschaft zum Erlernen und regelmäßigen Anwenden der Methoden bringt der ganze Kurs nichts.

Für die kleinere Entspannung zu Hause oder unterwegs hilft mitunter schon ein MP3 – Player mit Entspannungs- oder Meditationsmusik. Ruhige Rocktitel, bei denen man sich entspannen kann bzw. ein ruhiger Ort, um kurz die Augen zu schließen und sich nur auf die Musik zu konzentrieren, geben ein ganzes Potential an Ruhe zurück. Je nach dem wie viel Zeit zur Verfügung stehen, reichen 10 bis 30 Minuten Musikhören aus, um eine tiefe Relaxwirkung zu erreichen.

Beliebt ist es auch, an einem ruhigen Ort die Augen zu schließen und sich systematisch vorzustellen, wie man an einem beliebten Reiseziel auf einer Wiese liegt, die Bienen summen hört oder das Rauschen der Wellen. Hier spielt die eigene Fantasie eine große Rolle und in wie weit man sich auf dieses Spiel einlassen möchte. Am besten wird so eine Gedankenreise vorher in Etappen festgelegt und dabei entspannt man die einzelnen Gliedmaßen bis der ganze Körper zur Ruhe gekommen ist. Auf diese Weise kann dem Tag ein Großteil des Stresses genommen werden.

Ist Optimismus lernbar?

Viele Menschen nehmen an, dass Optimismus und Pessimismus angeboren sei. Das stimmt nicht. Optimismus ist eine Lebenseinstellung, die eine positive Lebenserwartungshaltung wiedergibt. Untersuchungen haben nachgewiesen, dass optimistische Menschen weniger krank sind, seltener Stress haben bzw. besser mit Stress umgehen kann und mehr lachen. Optimisten sind erfolgreicher im Beruf, in der Partnerschaft und kommen besser in der Gesellschaft an. Dazu leben sie länger. Während der Optimist positiv denkt, sieht ein Pessimist alles negativ, auch sich selbst. Solch eine Einstellung muss einfach krank machen.

Eine optimistische Einstellung ist tatsächlich erlernbar und angesichts der Vorteile durchaus erwägenswert. Mit einigen einfachen Übungen ist ein Wandel der Einstellung möglich. Wer sich erst einmal bewusst wird, über welche Stärken, Fähigkeiten und Kenntnisse er verfügt, bekommt eine neue Selbstachtung. Bei Problemen ist Ausweichen die einfachste Möglichkeit, die aber nichts bringt. Es erfordert mehr Mut sich seinen Schwierigkeiten zu stellen, nach Lösungen zu suchen und dabei nicht aufzugeben. Das fördert ebenfalls die Selbstachtung und den Stolz auf die eigene Leistung.

Abends vor dem Schlafen gehen, empfiehlt es sich, den Tag noch einmal Revue passieren zu lassen und vor allem an die positiven Dinge zu denken. Wer so einschläft, schläft tiefer sowie ruhiger und ist ausgeruhter am Morgen.

Nach Möglichkeit sollte die Gesellschaft von anderen Pessimisten gemieden werden. Schnell ist man wieder im ehemaligen Kreislauf der pessimistischen Einstellung, wenn andere es vormachen.

Misserfolge oder schlechte Erfahrungen geschehen jedem irgendwann im Leben, das passiert keinem allein. Die Frage ist aber, wie geht man mit diesen Misserfolgen um. Vielleicht so, schlechte Erfahrungen sind eben Erfahrungen, die einem in Zukunft zeigen, was vermieden werden sollte bzw. was man nicht mehr tun sollte. Damit werden negative Dinge in eine positive Einstellung umgewandelt.

Die Wirkung von Farben

Die Farbwirkung auf den Menschen wurde in vielen wissenschaftlichen Untersuchungen nachgewiesen. Farben beeinflussen uns und unsere Umwelt ständig. Bestimmten Farben werden verschiedene Stimmungen nachgesagt. Grün soll beruhigen, blau wirkt kalt, rot ist anregend, schwarz erzeugt Trauer und gelb bringt Helligkeit und Wärme. In der Mehrzahl ist man bestrebt, einen harmonischen Farbzustand zu erzeugen.

So geben Farben von Kleidung unter anderem, den augenblicklichen Seelenzustand des Trägers wieder. Mit den Farben, die getragen werden, erzeugt man bei anderen Menschen eine Assoziation. Helle Farben bringen andere Menschen mit Jugendlichkeit und Gesundheit in Verbindung. Dunkle Farben bergen eine gewisse Tristesse in sich, werden sie nicht durch gewisse Schmuckstücke, Gürtel oder Tücher aufgelockert. Die Kombination von dunklen wie hellen Farben bezieht sich oft auf dunkle Hosen und helle

Oberteile. Das wiederum zeigt eine gewisse Harmonie an.

Farben wie Rot wird interessanterweise gern von Frauen bei der Unterwäsche bevorzugt. Ein bekannter Unterwäschehersteller hat hierzu eine Umfrage gestartet und tatsächlich hat sich die Mehrzahl der teilnehmenden Frauen mehr Unterwäsche in Rot statt in weiß gewünscht. Unterwäsche in aufregenden Farbgebungen lassen nachweislich Frauen unternehmungslustiger und experimentierfreudiger werden. Farben wirken also auf unsere Psyche und unser Selbstbewusstsein ein.

Viele Menschen haben eine Lieblingsfarbe und diese tragen sie recht häufig. Eine Umstellung der Farben erfolgt meistens auf Grund einer Änderung der Lebensumstände. Je nach dem, wie mutig derjenige ist, kann sich der Farbwechsel in der Kleidung bzw. der Wohnung abrupt oder langsam Stück für Stück zeigen. Wer nicht so mutig ist und trotzdem gern mal eine andere Farbe ausprobieren möchte, der sollte sich zu nichts zwingen. Es kann ja erst einmal mit einem Schal, einem Tuch begonnen werden. Sind die Reaktionen der Umwelt positiv, bietet sich der Kauf eines Oberteils in der gewünschten Farbe an. So kann der eigene Mut zur neuen Farbe langsam gesteigert werden, ohne dass es etwas erzwungen wird.

Heilsalze – was bringen sie wirklich?

Die positive Wirkung von Meeressalz ist seit langem bekannt und immer mehr Schulmediziner verschreiben Kuren am Meer bei chronischen Erkrankungen der oberen Luftwege. Hautprobleme wie starke Akne sollen nach Bädern mit Meeressalz verschwinden. Nun tauchen zunehmend so genannte Heilsalze auf dem Markt auf, die Hilfe bei allen möglichen Krankheiten oder optimale Lösungen für die Wellness versprechen.

Ganz besonders den Schüßler Salzen werden in den Medien große, biochemische Heilkräfte nachgesagt und als eine Art Wundermittel für jede Krankheit gehandelt. Schüßler Salze existieren bereits seit einhundert Jahren und haben ihren festen Platz in den Praxen von Heilpraktikern. Vor etwa zehn Jahren wurde die Wirksamkeit der Salze neu entdeckt und werbewirksam vermarktet. Es gibt unzählige Bücher zu den Schüßler Salzen. Aber nicht nur beim Menschen sollen die Salze helfen, sondern auch bei Haustieren. Sind also Schüßler Salze das absolute Geheimrezept unter den alternativen Heilmethoden?

Tatsächlich finden die Salze bei über 60 Heilmethoden Anwendung mit mehr oder weniger Erfolg. Die Wirkung der Schüßler Salze beruht ursprünglich auf der Zusammenstellung aus 12 verschiedenen Hauptsalzen. Dazu kamen später noch 12 so genannte Ergänzungssalze. Damit kommt natürlich eine große Menge an unterschiedlichen Mineralien, Spurenelementen und anderen Wirkstoffen zum Tragen. Da es aber nicht nur

Mangelversorgungen bestimmter Mineralien und Spurenelemente gibt, sondern auch eine Überproduktion bei gewissen Krankheiten, sollte die Anwendung nur unter Aufsicht eines erfahrenen Heilpraktikers oder Schulmediziners erfolgen. Denn sonst schaden die Salze mehr, als sie nutzen. Das heißt, Schüßler Salze sind nur als Zusatztherapieform zu anderen medizinischen Methoden zu verwenden.

Nachgewiesen wurden positive Resultate bei der äußeren Anwendung zur Milderung von Hauterkrankungen sowie beim Inhalieren zur Bekämpfung von Atemwegskrankheiten. Kaum Ergebnisse gibt es dagegen zu dem angeblichen Abnehmen mit Schüßler Salzen. Das verwundert auch nicht, denn allein von den Inhaltsstoffen dieser Salze allein kann niemand abnehmen. Jedoch wird der Körper beim Entschlacken bzw. bei einer Diät bestmöglich mit notwendigen Spurenelementen versorgt sowie der Stoffwechsel angeregt. Da die Schüßler Salze aber sehr teuer sind, ist die Suche nach gleichwertigen Alternativen nur verständlich.

Alternativen zu Schüßler Salzen

Salz- oder Solebäder gibt es schon seit der Mitte des 19. Jahrhunderts und eines der ältesten Solebäder in Deutschland liegt in Staßfurt. Hier wird seit zwei Jahrhunderten Salz abgebaut und durch die günstige Lage zu einer Solequelle entwickelte sich schnell ein Naturheilbad. Später wurde die Sole getrocknet und das so gewonnene Salz an andere Kurorte weiter verkauft.

Dem Staßfurter Salz zum Beispiel wird die gleiche Wirkung nachgesagt wie bei Heilsalz aus dem Totem Meer. Das verwundert nicht, denn die chemische Zusammensetzung ist identisch. Nachweislich besonders gute Erfolge können bei der äußeren Behandlung von Akne, Neurodermitis und anderen Hauterkrankungen verzeichnet werden. Dabei wird die Haut ausgezeichnet gereinigt und Heilungsprozesse beschleunigt. Weiterhin fördert das Salz die Durchblutung und es kommt zu einer ausgezeichneten Aufnahme von Inhaltsstoffen durch die Haut. Doch auch bei Schlaflosigkeit, Stress, Muskelschmerzen und Nervosität hilft das Salz effektiv. In der Regel wendet der Heilpraktiker das Salz in Form eines Bades an. Personen mit Herz- und Kreislaufproblemen sollten das Bad aber meiden, da es zu einer erhöhten Durchblutung kommt, die sich negativ auf das Kreislaufsystem auswirken kann.

Schon den Römern war die Heilkraft des Salzes aus dem Toten Meer bekannt und es wurde bereits damals bei Verwundungen angewendet. Heute können Sie Salz aus dem Toten Meer in jedem

Drogeriemarkt oder in jeder Apotheke günstig einkaufen. Mit dem Salz erzielen Sie sehr gute Ergebnisse bei vielfältigen Hautproblemen wie zum Beispiel Neurodermitis bzw. Schuppenflechte. Das liegt an dem überaus hohen Kalzium- und Magnesiumgehalt des Salzes, welches die Zellerneuerung anregt. Immer mehr Krankenkassen verschreiben auch bei schwierigen Fällen von Neurodermitis Kuraufenthalte am Toten Meer. Weitere Anwendungsbereiche liegen in der Durchblutungsförderung, der Steigerung des Stoffwechsels und auf den Gebieten von Rheumatismus.

Epsomer Bittersalz ist auch unter den Kurzbezeichnungen Epsomit oder Bittersalz bekannt. Dieses Salz eignet sich ausgezeichnet zur Entgiftung und effektiven Stressabbau über die Haut durch Bäder. Umschläge mit Bittersalz helfen bei Nervenentzündungen, Muskel- und Gelenkbeschwerden, Verletzungen, Wunden und Rheumatismus. Außerdem zeigt es Erfolge bei Gastritis, Dickdarmentzündungen, Zysten, Kopfschmerzen und Ödeme. Die medizinisch nachgewiesene Wirkung von Bittersalz beruht auf den Inhaltsstoffen wie Magnesiumsulfat und Spuren von Natrium, Kalium, Kalcium wie Chlor. Epsomer Bittersalz entfaltet seine volle Wirkung, wenn es erwärmt wird. Viele Wellness - Hotels bieten mittlerweile Bittersalzbäder als Standard-Entspannung an und immer mehr Schulmediziner verbinden den heilpraktischen Effekt von Bittersalz mit ihrer Therapie.

Es müssen also nicht immer die in den Medien hoch gepriesenen Schüßler Salze sein, sondern es gibt durchaus gleichwertige Alternativen, die wesentlich günstiger und deren Ergebnis den Schüßler Salzen gleich zu setzen sind.

Ein Kapitel für sich – Heilsteine

Dem neu wieder entdeckten Gebiet der Heilkunde stehen besonders Akademiker skeptisch gegenüber, müssen aber zunehmend anerkennen, dass es Bereiche gibt, die eine wohltuende wie unterstützende, heilende Wirkung auf die menschliche Seele und den Körper haben.

So wurde vor noch 20 Jahren die Akupunktur als Wissenschaft verlacht, heute ist es eine anerkannte Therapieform, welche von den Krankenkassen bezahlt wird. Die Wirkung von Kräutern ist noch vor 30 Jahren bezweifelt worden, in der Gegenwart weichen Mediziner immer mehr auf homöopathische Mittel aus, da sie aus pflanzlichen Wirkstoffen bestehen und somit weniger Nebenwirkungen haben, als chemisch hergestellte Produkte. Die Homöopathie selbst ist mittlerweile ein anerkannter Zweig der Medizin.

Heilsteine sind eine neu wieder entdeckte Therapieform, die bei bestimmten Krankheiten oder Erschöpfungszuständen unterstützend eingesetzt werden. Auch in der Wellness werden Therapien zur Entspannung mit Heilsteinen angeboten. Diese Angebote sind recht teuer und deshalb haben wir eine Liste der Heilsteine und ihrer Wirkung zusammengestellt sowie einige leichte Übungen, die selbst durchgeführt werden können.

Als Heilsteine werden Edel-, Halbedelsteine und Mineralien bezeichnet, denen eine Wirkung auf Geist, Seele oder Körper seit Jahrhunderten nachgesagt wird. Bereits die Druiden setzten bestimmte Steine zur Heilung oder Beschwörung ein. Auch Aristoteles und andere Alchimisten der Antike berichten von der Wirksamkeit von Edelsteinen auf den menschlichen Organismus.

Wieder entdeckt wurde dieses Wissen durch Hildegard von Bingen im frühen Mittelalter. Damals erlebten Heilsteine einen neuen Bekanntheitsgrad, welcher sich bis zu den Hexenverbrennungen hielt. In der Zeit der Inquisition gerieten diese Kenntnisse wie das Wissen um Kräuter in Vergessenheit und erleben erst seit der New Age Bewegung eine neue Blütezeit.

Mittlerweile beschäftigt sich auch die Wissenschaft mit Forschungen an der Wirksamkeit von Therapien mit Heilsteinen und deren tatsächlichen Kräften bzw. Heileigenschaften. Festgestellt wurde unter anderem, dass es eine gewisse Heilkraft durch die vorkommenden Mineralien in den Steinen gibt. Die Schwingungsenergie, welche den Heilsteinen inne wohnen soll, wird noch untersucht. Auf die möglichen Ergebnisse darf man gespannt sein. Anwendung finden Heilsteine zunehmend in der alternativen Medizin und der Naturheilkunde.

Liste von Heilsteinen und ihrer Wirkung

Wir haben die Steine mit ihrer Heilwirkung nachfolgend alphabetisch festgelegt. Da den Steinen mitunter recht unterschiedliche Heilwirkungen nachgesagt werden, haben wir uns in erster Linie an Hildegard von Bingens überliefertem Wissen über die Heilkraft von Steinen orientiert sowie an verschiedenen, teilweise auch wissenschaftlichen Quellen. Die dort angegebenen Gemeinsamkeiten des Steintyps wurden von uns aufgegriffen und den bereits bekannten Eigenschaften beigeordnet.

Zuerst werden wir den Stein nennen und anschließend seine körperliche wie seelische Heilkraft aufführen. Wie die Energien aufgeladen werden können und was zu beachten ist bei der Verwendung, wird als Schlussbemerkung angefügt.

Bitte beachten Sie folgendes: Die Anwendung von Heilsteinen erfolgt am besten durch einen Heilpraktiker unterstützend zu anderen Therapien. Das kann durch Auflegen oder Tragen des Heilsteines erfolgen. Die Kombination von mehreren Steinen sollte von einem Experten vorgenommen werden, da sich sonst die Kräfte aufheben oder ein Problem verschlimmert wird.

Buchstabe A

Achat: *körperlich:* der Achat soll vor Vergiftungen schützen und stärkt das Herz.
seelisch: fördert die Überzeugungskraft und schärft die Menschenkenntnis. Gleichzeitig können vergangene Erlebnisse verarbeitet werden.
Anwendung: Achat kann als Stein in der Wohnung aufgestellt, auf den Körper aufgelegt oder am Körper getragen werden.
Aufladung: Der Stein muss unter fließendem Wasser gereinigt werden und wird anschließend in die aufgehende bzw. untergehende Sonne zum Aufladen gelegt.

Amazonit: *körperlich:* Beschwerden im Bereich des Solarplexus und Menstruationsschmerzen können durch Amazonit verringert werden.
seelisch: Bei Schwierigkeiten mit der Vitalität oder anhaltenden Kummer sollte ein Amazonit aufgelegt werden.
Anwendung: Amazonit wird entsprechen der Chakra-Bereiche auf den Körper aufgelegt oder als Schmuck am Körper getragen.
Aufladung: Der Stein muss unter fließendem Wasser gereinigt werden und wird anschließend in die aufgehende bzw. untergehende Sonne zum Aufladen gelegt.

Amethyst: *körperlich:* Der Amethyst ist hilfreich bei Migräne, Übelkeit und Kopfschmerzen. Verspannungen werden durch das Auflegen von Amethyst gelöst.

seelisch: Wer gern meditiert, hat hier die Möglichkeit, durch das Tragen von einem Amethysten zu verstärken. Wut, Ärger und Drogensucht werden geschwächt. Bei längerem Tragen wirkt er beruhigend. *Anwendung:* Amethyst entfaltet seine Wirkung am besten, wenn er aufgelegt oder am Körper getragen wird. Einen Heiltrank aus Amethyst – Wasser bereitet man zu, indem man am Abend in ein Glas Wasser einen Amethyst legt und dieses Wasser über Nacht stehen lässt. Morgens muss der Stein entnommen werden.

Aufladung: Der Stein muss unter fließendem Wasser gereinigt werden und wird anschließend in die aufgehende bzw. untergehende Sonne zum Aufladen gelegt.

Andenopal: *körperlich:* fördert die Schleimbildung bei trockenen Atemwegen.

seelisch: bringt Gelassenheit und Ruhe, fördert den Fluss von Gedanken, Handeln und Reden.

Anwendung: Häufig wird der Andenopal als Schmuck am Körper getragen bzw. er eignet sich als Zusatz in Duftlampen oder im Tee.

Aufladung: Der Stein muss unter fließendem Wasser gereinigt werden und wird anschließend in die aufgehende bzw. untergehende Sonne zum Aufladen gelegt.

Apophyllit: *körperlich:* hilft bei Asthma und nervösen wie allergischen Atembeschwerden. Apophyllit gilt als Therapiestein bei Lähmungen und Multipler Sklerose.

seelisch: In diesem Bereich löst der Apophyllit seelische Beklemmungen und befreit unterdrückte Emotionen.

Anwendung: Der Stein kann aufgelegt oder am Körper getragen werden.

Aufladung: Der Stein muss unter fließendem Wasser gereinigt werden und wird anschließend in die aufgehende bzw. untergehende Sonne zum Aufladen gelegt.

Aquamarin: *körperlich:* Sind die Drüsen geschwollen, dann kann Aquamarin verwendet werden. Früher wurde Aquamarin auch bei Beschwerden mit den Zähnen, dem Kiefer und dem Hals verwendet. Klassisch wird er bei Kurz- und Weitsichtigkeit angewendet.

seelisch: Energetische Staus werden durch den Aquamarin aufgelöst und so tritt eine Förderung der Sensitivität, des Durchhaltevermögens wie eine klare Sicht ein.

Anwendung: Der Aquamarin ist schon immer ein beliebter Schmuckstein gewesen. Er kann also auch auf der Haut getragen, aber auch aufgelegt werden. Seine Verwendung als Objekt zum Aufstellen in der Wohnung oder in einem Heilwasser ist unbestritten.

Aufladung: Der Stein muss unter fließendem Wasser gereinigt werden und wird anschließend in die aufgehende bzw. untergehende Sonne zum Aufladen gelegt.

Aventurin: *körperlich:* Aventurin wird eine Heilung von Ekzemen und Hautausschlägen nachgesagt. Stress wird abgebaut.

seelisch: Geistig wirkt sich der Aventurin auf die Festigung von Verbindungen und wirkt harmonisierend sich aus.

Anwendung: Aventurin kann auf der Haut getragen oder aufgelegt werden.

Aufladung: Der Stein muss unter fließendem Wasser gereinigt werden und wird anschließend in die aufgehende bzw. untergehende Sonne zum Aufladen gelegt.

Buchstabe B

Bernstein: *körperlich:* soll das Zahnen bei Kleinkindern erleichtern. Er wird aber auch bei Blasensteinen oder Magenschmerzen angewendet.
seelisch: Bernstein regt die Kreativität an und sorgt für ein sonniges Gemüt.
Anwendung: Dieser Heilstein wird oft in Form einer Kette eingesetzt. Doch auch als Schmeichelsteine, Armbänder und Ringe erzielt der Bernstein eine gute Wirkung. Hildegard von Bingen schlägt bei Blasensteinen vor, den Bernstein einen ganzen Tag in Milch einzulegen und diese Milch dann kurz aufzukochen. Ein Elixier mit Quellwasser oder Wein kann Magen-Darmbeschwerden lindern. Der Bernstein wird hierfür eine Stunde in Wein oder Quellwasser eingelegt. Das Bernstein-Wasser muss nach dem Essen getrunken werden.
Aufladung: Der Bernstein ist ein sensibler Stein, der besondere Pflege benötigt. Er muss häufiger als andere Steine unter fließendem Wasser entladen und gereinigt werden. Am besten in Verbindung mit einem Bergkristall. Die Aufladung darf nur in der Morgensonne erfolgen. Alle zwei Wochen legt man über Nacht den Bernstein wie andere Steine auch neben eine Amethystdruse.

Bergkristall: *körperlich:* soll leichte Schwellungen zurück gehen lassen und wirkt fiebersenkend wie kühlend. Er findet auch Anwendung bei Durchfall und Schwindel.
seelisch: ist der Allrounder unter den Heilsteinen. Er wird parallel zu anderen Steinen eingesetzt, da ihm

nachgesagt wird, dass er bestimmte Schwingungen und die Lebenskraft wie die Intuition durch zusätzliche reine Energie verstärkt. Andere Heilsteine können durch den Bergkristall entladen oder werden.

Anwendung: Bergkristall kann in der Wohnung aufgestellt werden oder als Schmeichelstein wie auch als Schmuck auf der Haut getragen werden. Doch auch zum Auflegen eignet sich dieser Heilstein. Aus ihm lassen sich in Verbindung mit anderen Steinen Elixiere herstellen.

Aufladung: Der Bergkristall wird zum Entladen anderer Steine verwendet, deshalb verliert er schnell seine Heilwirkung. Regelmäßig muss darum der Stein in der Morgensonne aufgeladen werden. Entladen und gereinigt wird er unter fließendem Wasser. Eine Aufladung kann auch mittels einer Amethystdruse erfolgen.

Beryll: *körperlich:* Beryll entgiftet den Körper, stärkt somit die Leber wie das Funktionsgewebe der anderen Organe und hilft bei Erkrankungen der Herzkranzgefäße.

seelisch: Beryll vermittelt Sorgfalt und unterstützt die Vertrauensbildung.

Anwendung: Der Beryll kann in der Wohnung aufgestellt oder am Körper getragen werden.

Aufladung: Unter fließendem Wasser kann der Stein gereinigt und entladen werden. Das Aufladen erfolgt durch die Morgen- und Abendsonne.

Buchstabe C

Calcit: *körperlich:* stärkt das Herz und normalisiert den Herzrhythmus.

seelisch: stärkt die Tatkraft, das Gedächtnis und das Selbstvertrauen.

Anwendung: Calcit trägt man als Schmuck am Körper oder er wird entsprechend den Chakren- Bereichen aufgelegt.

Aufladung: Calcit wird unter lauwarmen Wasser entladen und gereinigt, am besten in Zusammenhang mit einem Bergkristall oder durch das Nebeneinanderlegen mit einer Amethystdruse. Die Morgensonne lädt den Stein wieder auf.

Chalcedon: *körperlich:* soll bei Beschwerden des Halsbereiches helfen und ist blutstillend. Seltener ist die Anwendung zur Bildung von Muttermilch.

seelisch: Der Chalcedon fördert die Redegewandheit und die Lebendigkeit. Es wird dem blauen Chalcedon eine Abnahme von Lampenfieber durch mehr Aufbau von Gelassenheit nachgesagt.

Anwendung: Chalcedon wird gern als Schmuckstein am Körper getragen, eignet sich aber auch zum Auflegen.

Aufladung: Die Entladung und Reinigung werden durch das Waschen unter fließendem Wasser erreicht. Das Aufladen des Steins erreicht man, indem der Chalcedon in die Morgensonne oder neben Bergkristalle oder Amethystdrusen gelegt wird.

Chrysokoll: *körperlich:* lindert Krämpfe, Menstruationsschmerzen, Verbrennungen und Rückenschmerzen.

seelisch: Geduld, Toleranz und Vergebung werden durch den Chrysokoll gefördert. Damit bringt er der Seele letztlich Frieden.

Aufladung: Der Stein muss unter fließendem Wasser gereinigt werden und wird anschließend in die aufgehende bzw. untergehende Sonne zum Aufladen gelegt.

Chrysopras: *körperlich:* soll die Fruchtbarkeit der Frauen fördern.

seelisch: schenkt Selbstvertrauen und hilft bei wiederkehrenden Alpträumen.

Aufladung: Der Stein muss unter fließendem Wasser gereinigt werden und wird anschließend in die aufgehende bzw. untergehende Sonne zum Aufladen gelegt.

Citrin: *körperlich:* Citrin unterstützt die Linderung von Diabetes und hilft bei Drüsenerkrankungen.

seelisch: Citrin unterstützt die Selbstdisziplin und hilft bei Depressionen.

Aufladung: Der Stein muss unter fließendem Wasser gereinigt werden und wird anschließend in die aufgehende bzw. untergehende Sonne zum Aufladen gelegt.

Buchstabe D

Diamant: _körperlich:_ wirkt bei Magenstörungen, löst Blockaden des Verdauungstraktes und des Blutkreislaufs. Ein Heiltrank soll Beschwerden bei Gicht und nach einem Schlaganfall lindern.
seelisch: Diamanten mindern Eifersucht und verbessern die Selbständigkeit.
Aufladung: Der Stein muss unter fließendem Wasser gereinigt werden und wird anschließend in die aufgehende bzw. untergehende Sonne zum Aufladen gelegt.

Dolomit: _körperlich:_ Dolomit stabilisiert den Kreislauf und das Herz.
seelisch: Weiterhin ist Dolomit beruhigend bei extremen Gefühlsausbrüchen. Er fördert die Selbstverwirklichung und hilft bei dem Erreichen persönlicher Ziele.
Aufladung: Der Stein muss unter fließendem Wasser gereinigt werden und wird anschließend in die aufgehende bzw. untergehende Sonne zum Aufladen gelegt.

Dumortierit: _körperlich:_ wird oft als der „Take it easy-Stein" bezeichnet. Er hilft bei nervösen Kopfschmerzen und lindert Krämpfe und Übelkeit.
seelisch: lässt das Leben leichter erscheinen, er entspannt und beruhigt.
Aufladung: Der Stein muss unter fließendem Wasser gereinigt werden und wird anschließend in die aufgehende bzw. untergehende Sonne zum Aufladen gelegt.

Buchstabe E

Epidot: *körperlich:* stärkt das Immunsystem und wird unterstützend für andere Heilsteine genommen, um den Heilprozess zu beschleunigen.

seelisch: Der Epidot verhilft Menschen zu mehr Selbstvertrauen, Zuversicht und Wertgefühl.

Aufladung: Der Stein muss unter fließendem Wasser gereinigt werden und wird anschließend in die aufgehende bzw. untergehende Sonne zum Aufladen gelegt.

Buchstabe F

Falkenauge: *körperlich:* Falkenauge wird bei Zittern und hormonellen Überfunktionen eingesetzt.
seelisch: Als Hilfe in komplizierten Lagen zum Erreichen des eigentlichen Ziels eignet sich am besten das Falkenauge, wenn es getragen wird.
Aufladung: Der Stein muss unter fließendem Wasser gereinigt werden und wird anschließend in die aufgehende bzw. untergehende Sonne zum Aufladen gelegt.

Feueropal: *körperlich:* steigert das Energiepotential des Körpers und die Fruchtbarkeit.
seelisch: Feueropal steigert die Impulsivität, die Spontanität und hilft bei der sofortigen Umsetzung von Ideen wie Entschlüssen.
Aufladung: Der Stein muss unter fließendem Wasser gereinigt werden und wird anschließend in die aufgehende bzw. untergehende Sonne zum Aufladen gelegt.

Fluorit: *körperlich:* beruhigt das Nervensystem und hilft bei Übergewicht.
seelisch: Durch das Tragen von Fluorit wird Weisheit vermittelt und es gilt als Hilfe bei dem Verwirklichen von Zielen.
Aufladung: Der Stein muss unter fließendem Wasser gereinigt werden und wird anschließend in die aufgehende bzw. untergehende Sonne zum Aufladen gelegt.

Buchstabe G

Granat: *körperlich:* lindert bei Rheuma die Schmerzen, reguliert das Herz- Kreislaufsystem und hilft bei Durchblutungsstörungen.

seelisch: Granat fördert die Leidenschaftlichkeit, die Sexualität und den Mut.

Aufladung: Der Stein muss unter fließendem Wasser gereinigt werden und wird anschließend in die aufgehende bzw. untergehende Sonne zum Aufladen gelegt.

Buchstabe H

Hämatit: *körperlich:* Er fördert die Eisenaufnahme und damit die Bildung der roten Blutkörperchen. Er unterstützt die Entschlackung des Körpers.

seelisch: Dem Hämatit wird nachgesagt, dass er bei regelmäßigen Tragen vor Gefahren warnt und für einen ruhigen Schlaf sorgt.

Aufladung: Der Stein muss unter fließendem Wasser gereinigt werden und wird anschließend in die aufgehende bzw. untergehende Sonne zum Aufladen gelegt.

Buchstabe J

Jade: _körperlich:_ entfaltet seine Heilwirkung optimal bei Grippe und Migräne. Manche Heilpraktiker empfehlen den Einsatz von Jade für eine leichtere Entbindung.
seelisch: Jade soll dem Menschen, der den Stein trägt, Weisheit, Gerechtigkeit und Bescheidenheit schenken.
Aufladung: Der Stein muss unter fließendem Wasser gereinigt werden und wird anschließend in die aufgehende bzw. untergehende Sonne zum Aufladen gelegt.

Jaspis: _körperlich:_ Jaspis stärkt den Magen, die Nieren und die Leber.
seelisch: Gelber Jaspis unterstützt das Durchhaltevermögen, Besonnenheit wie Konzentration bei der Durchführung von unangenehmen Aufgaben. Roter Jaspis dagegen versorgt den Geist mit der notwendigen Dynamik, Tatkraft und fördert die Willenskraft wie den Mut.
Aufladung: Der Stein muss unter fließendem Wasser gereinigt werden und wird anschließend in die aufgehende bzw. untergehende Sonne zum Aufladen gelegt.

Buchstabe K

Karneol: *körperlich:* Karneol ist ein vielseitiger Stein. So wird er zur Blutreinigung eingesetzt und bei Rheumatismus sowie zur Anregung der Durchblutung angewendet.
seelisch: Durch das Tragen von Karneol wird Standfestigkeit, Mut, Tatkraft und Idealismus vermittelt. Weiter sagt man dem Karneol nach, dass er Energien erdet und festigt die Aufmerksamkeit.
Aufladung: Der Stein muss unter fließendem Wasser gereinigt werden und wird anschließend in die aufgehende bzw. untergehende Sonne zum Aufladen gelegt.

Koralle: *körperlich:* wird verwendet bei Krämpfen.
seelisch: Koralle findet traditionell Anwendung bei Ängsten, seelischen Spannungen und fördert den Selbstausdruck wie den Gemeinschaftssinn.
Aufladung: Der Stein muss unter fließendem Wasser gereinigt werden und wird anschließend in die aufgehende bzw. untergehende Sonne zum Aufladen gelegt.

Kunzit: *körperlich:* sorgt für einen ausgeglichenen Blutdruck.
seelisch: bringt den Geist und das Herz in Einklang, harmonisiert und gilt als Meditationsstein.
Aufladung: Der Stein muss unter fließendem Wasser gereinigt werden und wird anschließend in die aufgehende bzw. untergehende Sonne zum Aufladen gelegt.

Buchstabe L

Labradorit: _körperlich:_ wirkt blutdrucksenkend. _seelisch:_ Labradorit sorgt für eine gesunde Portion Realismus, ohne Eigenschaften wie Kreativität oder Phantasie zu beeinträchtigen.
Aufladung: Der Stein muss unter fließendem Wasser gereinigt werden und wird anschließend in die aufgehende bzw. untergehende Sonne zum Aufladen gelegt.

Lapislazuli: _körperlich:_ lindert Kopfschmerzen und ist blutdrucksenkend. Außerdem hilft er bei Schmerzen, Insektenstichen, Fieber und lässt Schwellungen abklingen. Weiter fördert er einen ruhigen Schlaf.
seelisch: Dem Lapislazuli wird nachgesagt, dass er das Zusammengehörigkeitsgefühl stärkt, bei Partnerschaftsproblemen hilft und mehr Idealismus sowie Liebesfähigkeit verleiht.
Aufladung: Der Stein muss unter fließendem Wasser gereinigt werden und wird anschließend in die aufgehende bzw. untergehende Sonne zum Aufladen gelegt.

Buchstabe M

Magnesit: *körperlich:* in Verbindung mit rotem Jaspis und Bergkristall hilft der Magnesit beim Abnehmen, wenn ein Wasser aus den drei Elementen zu den Hauptmahlzeiten getrunken wird. Gleichzeitig kann Magnesit Kopfschmerzen und Migräne lindern. Magnesit beugt außerdem Sodbrennen vor.
seelisch: Der Stein soll für eine ausgewogene Schwangerschaft sorgen.
Aufladung: Der Stein muss unter fließendem Wasser gereinigt werden und wird anschließend in die aufgehende bzw. untergehende Sonne zum Aufladen gelegt.

Magnetit: *körperlich:* Magnetit war schon in der Antike als Heilstein bekannt wegen seines Magnetismus. So regt er den Hormonhaushalt wie den Energiefluss des Körpers an und hilft bei Einschlafstörungen.
seelisch: Durch Magnetit kann man Nützliches von unnützen Dingen unterscheiden und er steigert die Reaktionsfähigkeit.
Aufladung: Der Stein muss unter fließendem Wasser gereinigt werden und wird anschließend in die aufgehende bzw. untergehende Sonne zum Aufladen gelegt.

Malachit: *körperlich:* gilt als Allzweckheilstein, denn er hilft u. a. bei Augeninfektionen, Asthma, Vergiftungen und Menstruationsbeschwerden.

seelisch: Malachit fördert das Unbewusste und ist ein Meditationsstein.

Aufladung: Der Stein muss unter fließendem Wasser gereinigt werden und wird anschließend in die aufgehende bzw. untergehende Sonne zum Aufladen gelegt.

Meteorit: *körperlich:* Meteorit ist nicht nur ein begehrter Sammlerstein, sondern hat auch Heilwirkung. So wird er bei Krämpfen und Muskelverspannungen angewendet. Außerdem wirkt er ausgleichend im Immunsystem.

seelisch: Er lindert Nervosität und sorgt für mehr innere Ruhe.

Aufladung: Der Stein muss unter fließendem Wasser gereinigt werden und wird anschließend in die aufgehende bzw. untergehende Sonne zum Aufladen gelegt. Neben eine Amethystdruse gelegt über Nacht, entlädt den Stein optimal.

Mondstein: *körperlich:* Mondstein gilt als der Heilstein für Frauen, weil er den Hormonhaushalt von Frauen in den Wechseljahren stabilisiert und bei Beschwerden während der Menstruation hilft.

seelisch: Er sorgt besonders bei Frauen für mehr Ausgeglichenheit und Harmonie.

Aufladung: Der Stein muss unter fließendem Wasser gereinigt werden und wird anschließend in die aufgehende bzw. untergehende Sonne zum Aufladen gelegt.

Mookait: *körperlich:* Wer Mookait am Körper trägt stärkt langfristig seine Gesundheit. Er wird auch bei Erkrankungen der Haut angewendet.

seelisch: Mookait verbindet die Eigenschaften von gelben und rotem Jaspis wie geistige Flexibilität und seelische Ausgeglichenheit.

Aufladung: Der Stein muss unter fließendem Wasser gereinigt werden und wird anschließend in die aufgehende bzw. untergehende Sonne zum Aufladen gelegt.

Moosachat: *körperlich:* Moosachat ist der ideale Helfer bei Erkrankungen der oberen Atemwege, der Lunge und regt die Tätigkeit der Lymphwege an.

seelisch: bringt besonders kreativen Menschen Inspirationen und Ideen. Wer beispielsweise eine Schreibblockade hat, sollte Moosachat am Körper tragen.

Aufladung: Der Stein muss unter fließendem Wasser gereinigt werden und wird anschließend in die aufgehende bzw. untergehende Sonne zum Aufladen gelegt.

Buchstabe O

Obsidian: *körperlich:* hilft bei niedrigem Blutdruck und bei häufigem Frösteln.
seelisch: Obsidian setzt vergessene Begabungen frei und holt sie ins Bewusstsein zurück. Er wird auch als guter Schutzstein benutzt.
Aufladung: Der Stein muss unter fließendem Wasser gereinigt werden und wird anschließend in die aufgehende bzw. untergehende Sonne zum Aufladen gelegt.

Onyx: *körperlich:* verbessert den Gehörsinn und heilt Erkrankungen des Innenohrs.
seelisch: fördert das Selbstbewusstsein und Durchsetzungsvermögen. Wer Onyx am Körper trägt, der entwickelt ein starkes Ego.
Aufladung: Der Stein muss unter fließendem Wasser gereinigt werden und wird anschließend in die aufgehende bzw. untergehende Sonne zum Aufladen gelegt.

Opal: *körperlich:* Menschen, die unter Magen-Darmerkrankungen leiden, sollten Opal benutzen.
seelisch: Dieser Stein kann negative Energien anziehen, wird er zu lange getragen. Bei richtiger Anwendung werden ihm eine beruhigende Wirkung sowie eine Steigerung der Lebensfreude und Erotik nachgesagt.
Aufladung: Der Stein muss unter fließendem Wasser gereinigt werden und wird anschließend in die aufgehende bzw. untergehende Sonne zum Aufladen gelegt.

Buchstabe P

Phantomquarz: *seelisch:* Wird Phantomquarz eingesetzt, dann kann dieser Verhaltensmuster ändern und leitet somit eine Weiterentwicklung der Persönlichkeit ein.
Aufladung: Der Stein muss unter fließendem Wasser gereinigt werden und wird anschließend in die aufgehende bzw. untergehende Sonne zum Aufladen gelegt.

Peridot: *körperlich:* Er hilft bei Verdauungsstörungen.
seelisch: Dem Peridot wird die Fähigkeit zugeschrieben, Depressionen und Trauer zu vertreiben. Gleichzeitig soll er gegen negative Gedanken, Trauer, Gefühlskälte und Selbstmitleid wirken. Eine Steigerung der Lernfähigkeit und der Tatkraft ist die Folge.
Aufladung: Der Stein muss unter fließendem Wasser gereinigt werden und wird anschließend in die aufgehende bzw. untergehende Sonne zum Aufladen gelegt.

Perlen: *seelisch:* Perlen helfen bei der Wandlung von Trauer, Verlusten und stärken das Unterbewusstsein zu Lösung unverarbeiteter Konflikte. Perlen werden sehr häufig zur Unterstützung therapeutischer Prozesse eingesetzt.
Aufladung: Perlen werden durch Amethystdrusen entladen und mit Bergkristall gereinigt. Die Aufladung erfolgt durch die Morgensonne.

Buchstabe R

Rauchquarz: *körperlich:* löst Verspannungen und Muskelkrämpfe.

seelisch: Der Rauchquarz gilt als der Stress-Abbau-Stein schlechthin, denn er erhöht die Belastbarkeit, löst unterschwellige Spannungen auf und sorgt für eine Harmonisierung von Geist und Körper.

Aufladung: Der Stein muss unter fließendem Wasser gereinigt werden und wird anschließend in die aufgehende bzw. untergehende Sonne zum Aufladen gelegt.

Rhodochrosit: *körperlich:* regt den Kreislauf an.

seelisch: fördert die Aktivität, Erotik und Lebendigkeit. Gleichzeit bekommt das Lebensgefühl neue und intensive Impulse.

Aufladung: Der Stein muss unter fließendem Wasser gereinigt werden und wird anschließend in die aufgehende bzw. untergehende Sonne zum Aufladen gelegt.

Rhodonit: *körperlich:* gilt als guter Wundstein und lindert Insektenstiche. Auch bei Panik oder Schock kann Rhodonit eingesetzt werden. Weiter stärkt der das Herz und den Kreislauf.

seelisch: heilt seelische Verletzungen und hilft beim Verzeihen.

Aufladung: Der Stein muss unter fließendem Wasser gereinigt werden und wird anschließend in die aufgehende bzw. untergehende Sonne zum Aufladen gelegt.

Rosenquarz: *körperlich:* Er stärkt das Herz und wirkt harmonisierend auf den Herzrhythmus. Bei Frauen wirkt er fruchtbarkeitsfördernd und wirkt gegen Gürtelrose.

seelisch: Rosenquarz gilt als Schutzstein vor den elektromagnetischen Strahlungen des Computers. Er wird auch bei Schlafstörungen erfolgreich eingesetzt. Gleichzeitig steigert er die Zärtlichkeit, die Liebesfähigkeit, die Sanftmut und regt die Phantasie an.

Aufladung: Der Stein muss unter fließendem Wasser gereinigt werden und wird anschließend in die aufgehende bzw. untergehende Sonne zum Aufladen gelegt.

Rubin: *körperlich:* gibt dem Körper mehr Aktivität und steigert die Sexualität. Gleichzeitig wirkt er gegen Fieber.

seelisch: Rubin schützt vor Unglücken und erhöht die Kreativität wie den Mut. Er regt die Lebensfreude nachhaltig an.

Aufladung: Der Stein muss unter fließendem Wasser gereinigt werden und wird anschließend in die aufgehende bzw. untergehende Sonne zum Aufladen gelegt.

Rutilquarz: *körperlich:* lindert Asthma und Bronchialerkrankungen.

seelisch: Rutilquarz wird auch „Stein der Hoffnung" genannt. Er wirkt antidepressiv, stimmungsaufhellend und vermittelt neue Visionen. *Aufladung:* Der Stein muss unter fließendem Wasser gereinigt werden und wird anschließend in die aufgehende bzw. untergehende Sonne zum Aufladen gelegt.

Buchstabe S

Saphir: *körperlich:* Die Wirkung des Saphirs ist fiebersenkend, schmerzlindernd und hilft bei Magenerkrankungen wie Nervenkrankheiten.
seelisch: Der Saphir bringt Konzentrationsfähigkeit und verhilft zu Gradlinigkeit.
Aufladung: Der Stein muss unter fließendem Wasser gereinigt werden und wird anschließend in die aufgehende bzw. untergehende Sonne zum Aufladen gelegt.

Schneeflockenobsidian: *körperlich:* sollte bei kalten Füßen angewendet werden.
seelisch: Dieser Stein gibt einen klaren Bezug zur Realität.
Aufladung: Der Stein muss unter fließendem Wasser gereinigt werden und wird anschließend in die aufgehende bzw. untergehende Sonne zum Aufladen gelegt.

Serpentin: *körperlich:* lindert Regelschmerzen.
seelisch: Serpentin vermittelt inneren Frieden, wirkt gegen Aggressivität, Streitlust und Stimmungsschwankungen.
Aufladung: Der Stein muss unter fließendem Wasser gereinigt werden und wird anschließend in die aufgehende bzw. untergehende Sonne zum Aufladen gelegt.

Sodalith: *körperlich:* Er hilft bei Beschwerden des Kehlkopfes, der Stimmbänder und des Halses. Er wirkt weiterhin gegen Fieber, ist kühlend und senkt den Blutdruck.

seelisch: Sodalith ist bekannt dafür, dass er Blockaden wie Schuldgefühle löst und dem Träger dazu verhilft, seinen Zielen treu zu bleiben.

Aufladung: Der Stein muss unter fließendem Wasser gereinigt werden und wird anschließend in die aufgehende bzw. untergehende Sonne zum Aufladen gelegt.

Sugilith: *körperlich:* Er mildert starke Schmerzen durch das Tragen oder Auflegen. Im Übrigen kräftigt er das Immunsystem und stärkt alle Sinne. Suchtkrankheiten können mit Sugilith erfolgreich behandelt werden.

seelisch: Die Wirkung im seelischen Bereich ist ebenfalls beachtenswert. So beseitigt er irrationale Ängste, wie Flugangst, Panikattacken, Zwangshandlungen, Platzangst. Zum Einsatz kommt Sugilith für die Harmonisierung des Geistes und der Seele.

Aufladung: Der Stein muss unter fließendem Wasser gereinigt werden und wird anschließend in die aufgehende bzw. untergehende Sonne zum Aufladen gelegt.

Buchstabe T

Tansanit: *körperlich:* Kopfschmerzen, Migräne und Depressionen können durch Tansanit gelindert werden.
seelisch: Mit diesem Stein erkennt der Träger seine wirkliche Berufung und hilft, eventuell auftretende Angst davor abzubauen.
Aufladung: Der Stein muss unter fließendem Wasser gereinigt werden und wird anschließend in die aufgehende bzw. untergehende Sonne zum Aufladen gelegt.

Tigerauge: *körperlich:* Dieser Stein hat die Eigenschaft, den Energiefluss des Körpers zu hemmen und wirkt dadurch schmerzlindernd. Gleichzeitig baut er hormonelle Überfunktionen und Übererregung ab und hilft bei Erkältungen. *seelisch:* Tigerauge wird traditionell bei Entscheidungsschwierigkeiten und Mutlosigkeit eingesetzt. Er regt den Intellekt und die Gedanken an.
Aufladung: Der Stein muss unter fließendem Wasser gereinigt werden und wird anschließend in die aufgehende bzw. untergehende Sonne zum Aufladen gelegt.

Türkis: *körperlich:* Türkis findet seinen Einsatz bei Erkrankungen der Lunge und des Halses.
seelisch: Er wirkt gegen negative Gedanken und bewahrt vor schwarzer Magie wie Unheil. Türkis gilt als Schutzstein bei Reisen und kann die inneren Kräfte mobilisieren.

Aufladung: Dieser Stein nimmt Negativität in sich auf, deshalb muss er in regelmäßigen Abständen entladen und gereinigt werden.

Turmalin: *körperlich:* grüner Turmalin hilft die Hormone im Gleichgewicht zu halten. Schwarzer Turmalin wirkt blockadelösend. Rosa Turmalin stärkt das Herz.
seelisch: Turmalin gilt als ganzheitlicher Heilstein. Denn er wirkt dynamisch, belebend und aufbauend auf den Körper, den Geist und die Seele und verbindet diese zu einem harmonischen Ganzen.
Aufladung: Der Stein muss unter fließendem Wasser gereinigt werden und wird anschließend in die aufgehende bzw. untergehende Sonne zum Aufladen gelegt.

Turmalinquarz: *körperlich:* Durch seelischen Stress entstandene Verkrampfungen und Verspannungen werden durch Turmalinquarz gelöst.
seelisch: Dieser Stein bringt das innere Gleichgewicht zurück und löst Blockaden. Dadurch erreicht man ein harmonisches Lebensgefühl.
Aufladung: Der Stein muss unter fließendem Wasser gereinigt werden und wird anschließend in die aufgehende bzw. untergehende Sonne zum Aufladen gelegt.

Tigereisen: *körperlich:* Mit Tigereisen verbessert man die Durchblutung.
seelisch: Im seelischen Bereich erreicht man durch das Tragen von Tigereisen eine höhere Leistungsbereitschaft, denn dieser Stein gilt als Powerstein bei Müdigkeit und Erschöpfung.

Aufladung: Der Stein muss unter fließendem Wasser gereinigt werden und wird anschließend in die aufgehende bzw. untergehende Sonne zum Aufladen gelegt.

Buchstabe Z

Zoisit: *körperlich:* Zoisit ist ein relativ unbekannter Heilstein, aber regt die Regenerationsfähigkeit des Organismus an und fördert die Fruchtbarkeit. Gleichzeitig wirkt er bei Problemen mit dem Hoden oder den Eierstöcken. Im Zusammenhang mit Rubin wirkt er Potenz steigernd.
seelisch: Zoisit hilft dabei, dass der Träger sein Leben selbst in die Hand nimmt und stärkt so die Eigenverantwortung.
Aufladung: Der Stein muss unter fließendem Wasser gereinigt werden und wird anschließend in die aufgehende bzw. untergehende Sonne zum Aufladen

Verwendung der meisten Heilsteine

Heilsteine werden durch den Heilpraktiker in den betroffenen Regionen des Körpers aufgelegt. Doch auch durch ständiges Tragen auf der Haut, entfalten viele Steine erst optimal ihre Wirkung. Aber aufgepasst! Das Tragen des Steins entlädt den Stein schneller und er sollte zur Aufladung in die Morgensonne gelegt werden.

Gesteinsdrusen sind nicht nur dekorativ in der Wohnung, sondern sorgen ebenfalls für ein angenehmes Wohlbefinden entsprechend der jeweiligen Eigenschaften der Steine. Zusätzlich können Heilsteine neben eine Amethystdruse gelegt werden, um eine effektive Entladung zu erreichen. Neben einer Bergkristalldruse reinigen sich die Steine von allein. Dazu ist es wichtig, dass die Heilsteine, so nahe es geht, bei den Drusen liegen.

Weniger bekannt sind Zimmerbrunnen mit Heilsteinen, obwohl sie zunehmend gern als Dekoration aufgestellt werden. Die Heilsteine sind hier bereits aufeinander abgestimmt und in der Zusammenwirkung mit dem Wasser werden die Eigenschaften der Steine verstärkt. Weitere Anwendungsmöglichkeiten sind Bäder mit gemahlenen Heilsteinen oder selbst hergestellte Pelling-Creme, die für einen Stressabbau und Entspannung wie für einen Aufbau positiver Energien sorgen. Beliebt ist es auch kleine Schalen mit Heilsteinen in der Wohnung aufzustellen und gelegentlich einen Stein heraus zu nehmen. Diesen rollt man in der Handfläche hin und her, bis er erwärmt ist. Das setzt positive Energien frei und beruhigt in Stresssituationen. Egal, wie die Heilsteine bei Ihnen Anwendung finden, sie sind in jedem Fall eine außergewöhnliche Bereicherung.

Gesundheitsbewusstes Verhalten

Es wird viel zu den Themen Gesundheit veröffentlicht. Ein neu hinzu gekommener Begriff macht dabei die Runde, das „gesundheitsbewusste Verhalten". Damit ist in erster Linie die Erhaltung der Gesundheit durch die Vermeidung von Gefahren für das Wohlbefinden gemeint.

Gefahren für die Gesundheit können aus körperlichen wie seelischen Belastungen entstehen. Diese gibt es in der heutigen Zeit mehr als genug, wie beispielsweise den Leistungsdruck im Beruf oder Geldsorgen. Die Folgen können schwerwiegend sein. Kreislaufversagen, Herzinfarkt und Magengeschwüre sind die bekanntesten Folgen. Mit ein paar einfachen Übungen oder Ratschlägen kann man etwas aktiv für die Gesundheit tun und mitunter sind es nur Kleinigkeiten, die aber einen großen Effekt erzielen.

Als erstes stellen wir einige Bewegungstipps für die Arbeit vor. So muss das Auto nicht direkt vor dem Firmeneingang geparkt werden. Ein kleiner Weg mehr schadet niemand. Wer nicht unbedingt mit dem Aufzug fahren muss, sollte das bleiben lassen. Treppen steigen ersetzt nachweislich 5 Minuten am Hometrainer. Eine aktive Mittagpause wie ein Spaziergang sorgt für eine angenehme Unterbrechung des Arbeitstrotts und aktiviert durch die Sauerstoffversorgung kann das Gehirn besser funktionieren.

Im Alltag sieht es genauso so simpel aus. Zeitungen und Brötchen können zu Fuß oder mit dem Fahrrad geholt werden. Einfache Besorgungen können ebenfalls in Form eines Spazierganges erledigt werden. Wer die Zeit dazu hat, sollte Spaziergänge am Abend und am Wochenende unternehmen. Kinder lieben Ausflüge und Wanderungen weitaus mehr als ein Tag vor dem PC, also einen Picknickkorb packen und raus mit den lieben Kleinen. Freizeitaktivitäten sollten den gleichen Stellenwert einnehmen wie die berufliche Tätigkeit. Psychische Belastungen kann man mit einem Entspannungsprogramm einen Riegel vorschieben.

Gesunde Rituale

Rituale kennt jeder aus seiner Kindheit. Doch sie bestimmen auch als Erwachsene unser Leben, denn sie erleichtern unser Leben. Routine führt dazu, dass viele Dinge des Alltags automatisiert ablaufen. Das birgt natürlich auch Nachteile, denn ungesunde Verhaltensweisen beruhen in der Hauptsache ebenfalls auf Ritualen, wie die Schokolade nach dem Essen oder vor dem Einschlafen. Besonders Stresssituationen verstärken schlechte Angewohnheiten wie zum Beispiel der Genuss von dem abendlichen Bier zum Abschalten. Weiten sich diese angeblichen Genüsse aus, wollen viele damit aufhören, doch alte Unsitten schleichen sich schnell wieder ein.

Wer wirklich etwas verändern will, sollte die schlechten Rituale durch gesunde allmählich ersetzt werden. Dabei müssen diese neuen Gewohnheiten zu den Lebensumständen passen. Beispiele für körperliche neue Rituale sind das Treppensteigen, Fahrradfahren oder spazieren, wer viel sitzt. Regelmäßige Lockerungs- und Dehnungsübungen bieten sich für alle an, die viel stehen müssen.
Psychische Rituale können unter anderem die täglichen 5 Minuten mit einer Entspannungstechnik sein oder die Pflege privater Beziehungen. Ab und zu sollte man sich mit Kleinigkeiten verwöhnen. Veränderungen bei der Ernährung lassen sich leicht bewerkstelligen. So kann die Keksdose durch einen Teller mit Obst und Gemüse ersetzt werden. Kaffee beispielsweise lässt sich durch Tee ersetzen.

Gesunde Rituale lassen sich auch am Arbeitsplatz einführen, wie folgende kleine Anregungen:

> ➢ Wer in seiner Mittagspause ein Stück spazieren geht, der tut schon sehr viel für seine Gesundheit.
> ➢ Viele Beschäftigungen werden hauptsächlich am Schreibtisch und damit im Sitzen ausgeführt.
> ➢ Im Stehen telefonieren bringt den Kreislauf in Schwung und ein Bildschirmschoner mit gymnastischen Übungen verleitet eher zu Aktivität als ein Schoner mit träger herum schwimmenden Fischen.
> ➢ Statt in die nächsten Zimmer zu telefonieren, lohnt es sich, den betreffenden Kollegen aufzusuchen.
> ➢ Und oberste Grundregel für gesunde Rituale am Arbeitsplatz ist das Einhalten der Pausenzeiten.

Das sind nur einige Beispiele für gesunde Rituale, die sich unbegrenzt erweitern lassen. Wichtig ist nur, dass diese kein Vorhaben bleiben, sondern umgesetzt werden.

Steigerung des Wohlbefindens durch die richtige Atmung

Kaum jemand ahnt, wie wichtig das richtige Atmen für den Körper und Seele eigentlich ist. Kopfschmerzen und Verspannungen können durchaus von einer falschen Atmung herrühren. Der Mensch wird nicht mehr ausreichend mit Sauerstoff versorgt. Stress und Zeitmangel sind die häufigsten Ursachen für eine zu flache Atmung. Selbst Kinder und Jugendliche sind davon betroffen. Ob man richtig atmet, kann der behandelnde Arzt feststellen.

Ein Erwachsener atmet im Durchschnitt 15-mal in der Minute ein und aus. Eine tiefe Vollatmung hat ein Volumen von 50 bis 75 Litern pro Minute. Bei einer Flachatmung sind es nur 7 bis 10 Liter. Der eingeatmete Sauerstoff gelangt über die Bronchien zu den Lungenbläschen und von dort in die roten Blutkörperchen. Über den Blutkreislauf kommt es zum Weitertransport in die einzelnen Körperzellen. Gelangt aber zu wenig Sauerstoff in die Zellen, werden alle Stoffwechselvorgänge verlangsamt und das Gehirn kann nicht richtig funktionieren. So entstehen dann die Kopfschmerzen und Verspannungen.

Die Atmung reagiert auf seelischen Stress wie Sorgen, Unzufriedenheit, Ängste. Auf diese Belastungen zusammen mit einer zu flachen Atmung reagiert der Körper mit wiederholten Erkältungen, Herz- Kreislaufstörungen, Magengeschwüren, Rückenbeschwerden und Hautproblemen. Dazu kommen Unarten wie eine falsche Sitzhaltung, zu enge Kleidung, Bewegungsmangel und eine falsche

Körperhaltung, was ebenfalls zu einer Flachatmung beiträgt. Einige Menschen atmen auch nicht in den Bauch hinein, sondern nur in den oberen Bereich des Körpers, dies führt ebenso zu einer Flachatmung.

Die richtige Atmung ist ganz leicht wieder zu erlernen. Dazu legt man die Hand auf den Bauch und atmet bewusst tief ein und aus. Das kann im Stehen oder Liegen ausgeführt werden. Wichtig ist dabei nur, eine entspannte wie lockere Haltung, das ruhige und tiefe Einatmen durch die Nase und das etwa gleich lange Ausatmen durch den Mund. So wird gleichzeitig die Atemmuskulatur gestärkt. Die richtige Atmung ist Bestandteil jeder Entspannungstechnik, die unter erfahrenen Therapeuten erlernt werden können. Entspannungskurse mit bewusster Atmung werden von den Krankenkassen in vollem Umfang übernommen.

Bausteine für Gesundheit und Schönheit

Wie wichtig eine ausgewogene Ernährung ist, wurde in mehrfachen internationalen Studien nachgewiesen.

So haben Wissenschaftler unter anderem den **Zusammenhang zwischen Ernährung und Gesundheit wie Schönheit** länderübergreifend untersucht. Die Feststellungen sind ernüchtern. Die Deutschen ernähren sich zum überwiegenden Teil ungesund und die Auswirkungen werden die Ärzte sowie Schönheitschirurgen noch etliche Jahre lang beschäftigen.

Tatsächlich baut sich **Schönheit und Gesundheit von innen** auf. Das bedeutet, die Nahrung, welche wir zu uns nehmen, ist verantwortlich für unser Aussehen, die Gesundheit und ein stabiles Immunsystem. Leider werden die Auswirkungen einer ungesunden Lebensweise völlig unterschätzt.

Den wenigsten Menschen ist zum Beispiel bekannt, dass **Schlafmangel für Übergewicht** verantwortlich sein kann. Ernährungswissenschaftler fanden heraus, wer weniger als 7 Stunden schläft, wird großer Wahrscheinlichkeit dick. Durch einen Mangel an Schlaf kommt es zu einer Beeinträchtigung der normalen Funktionsweise der Appetits- und Sättigungskontrolle im Gehirn.

Zu **fettreiche Kost** ist für die unbeliebten Pölsterchen auf den Hüften und Co verantwortlich. Kommt dann noch ein Mangel an sportlichen Aktivitäten dazu, so ist das Übergewicht fast vorprogrammiert.

Stark gewürzte Speisen führen zu Hautproblemen, nicht nur bei Pubertierenden.

Zu einer gesunden Ernährung gehören neben **Fetten, Kohlenhydraten und Eiweiß, Vitamine und Mineralstoffe.**

Wer meint, ein mögliches Manko mit **Ergänzungstabletten** wieder wett zu machen, irrt gewaltig. In diesen Tabletten sind in nur sehr geringen Mengen die angebotenen Vitamine und Mineralien. Da sie auch nur synthetisch hergestellt wurden, können sie nicht im erwarteten Umfang ihre Wirkung entfalten. Das bedeutet, die fehlenden Vitamine müssen durch bestimmte Nahrungsmittel zu sich genommen werden.

So findet man die verschiedenen Vitamine:

> ➤ **Vitamin A** in Butter, Käse, Milch, Eiern, Leber und Fisch.

> ➤ Das **Provitamin A** (Beta- Carotin) wird durch den Verzehr von Karotten, Spinat, Grünkohl, Feldsalat und Tomaten zu sich genommen.

> ➤ Die **B-Vitamine** sind in Fleisch, Hefe, Vollkornprodukten, Milch, Erbsen und Paprika zu finden.

> ➤ Eigelb, Leber, Soja, Nüsse und Champignons enthalten **Biotin, Folsäure, Pantothensäure.**

> **Vitamin C** ist unser Energiespender und man findet es in Johannisbeeren, Kiwis, Zitrusfrüchten, Kartoffeln und Erdbeeren.

> Dagegen enthalten Lebertran, Fisch und Eier das **Vitamin D**.

> Pflanzliche Öle und Nüsse zu sich zu nehmen, lohnt sich, weil hier das **Vitamin E** enthalten ist.

Mineralstoffe sind ein wichtiger Baustein für unseren Organismus aber auch für den inneren Aufbau unserer Schönheit.

> **Kalium** ist für den Energiespeicher unserer Muskulatur wichtig und man kann es durch den Verzehr von Nüssen, Schokolade, Fleisch und Bananen zu sich nehmen.

> **Calcium** (Milchprodukte) ist besonders wichtig für Kinder, da es notwendig für den Aufbau wie den Erhalt von Knochen und Zähnen ist.

> **Magnesium** benötigen die Knochen, die Nerven und die Muskeln, um zu funktionieren. Reichhaltig an Magnesium sind Vollkornprodukte, Nüsse, Sojabohnen, Käse und Naturreis.

> **Jod** muss in ausreichendem Maße im Körper vorhanden sein, damit die Schilddrüse in ihrer Funktionsweise nicht beeinträchtigt wird. Hier bietet sich jodiertes Speisesalz an.

➢ **Kieselerde** hilft gegen hormonell bedingten Haarausfall. Dieses Mineral ist nur als Präparat erhältlich.

➢ **Natrium** wird mit Speisesalz aufgenommen und ist für Knochenaufbau notwendig.

➢ **Hefe,** besonders **Bierhefe** gibt den Haaren den Glanz zurück und unterstützt das Haarwachstum. Hefe ist Weißbrot enthalten. Hefetabletten können zeitweise einen Erfolg bringen, aber nicht auf Dauer.

➢ **Zink** wird oft als Spurenelement unterschätzt. Dabei ist es für den Stoffwechsel, bei Haarwachstum mit entscheidend und bei der Wundheilung. Zink finden Sie hauptsächlich in Sonnenblumenkernen oder tierischer Leber.

Wer sich also seine Vitalität, Schönheit und Gesundheit erhalten will, sollte eine abwechslungsreiche Ernährung auf dem Speiseplan stellen.

Schokolade – Dickmacher oder Genuss?

„Schokolade ist ungesund, macht dick und verursacht Karies." Diesen Ausspruch kennt jeder von uns und verantwortungsbewusste Eltern halten Süßigkeiten sowieso von Kindern fern.

Das ist falsch! In Schokolade befinden sich **Lecithin und Zucker**, was das Gehirn für Höchstleistungen dringend benötigt. An einigen Universitäten oder Fachhochschulen empfehlen Professoren bei der Prüfung bzw. Klausur Schokolade zu essen, da dies Denkblockaden löst und einem möglichen Zuckermangel wie den damit verbundenen Blackouts vorbeugt.

Es gibt sogar eine **Schokoladen-Diät**. Das hört sich unsinnig an, aber Studien belegen den Erfolg.

Das **Geheimnis** liegt im **Genuss** und **maßvollem Essen** der Schokolade. Wir haben Ihnen einige **Tipps** zusammengestellt, wie Sie Ihre Schokolade essen können und dabei trotzdem abnehmen.

> ➢ Kaufen Sie sich eine **kleine Tafel** Schokolade und teilen Sie sich diese ein. Rechnen Sie mit maximal einer kleinen Tafel (50 gr) pro Tag. Das spart Geld und hilft beim Abnehmen.

> ➢ Lassen Sie sich **nicht ablenken**! Das Essen von Süßigkeiten vor dem Fernseher oder dem PC ist eine Dickmacherfalle, weil Sie dann nicht mehr auf die Mengen achten, die Sie zu sich nehmen.

➤ Was halten Sie davon, wenn Sie von der Billigschokolade auf **Gourmetschokolade** umsteigen? Diese edle Schokolade ist zwar teurer, schmeckt aber auch besser. Teilen Sie die neue Schokolade so ein, dass Sie dabei den Preis der gleichen Menge an Billigschokolade angleichen.

➤ Vorsätze sind ja gut und schön, aber leider klappt nie so richtig die Umsetzung. Statt für immer auf Schokolade zu verzichten, sagen Sie sich lieber: „**Ich esse weniger Schokolade.**" oder Sie bestimmen **die Menge pro Woche**. Das ist ein realistisches Ziel und umsetzbar.

➤ Vielen wird das **Stress-Naschen** bekannt sein. Bei Stress wird schnell mal eine Tafel Schokolade in sich hinein gestopft. Das macht tatsächlich dick. Warum versuchen Sie es nicht anders? Nehmen Sie sich zwei Stück Schokolade. Eines essen Sie gleich und versuchen Sie es zu lutschen oder bewusst langsam zu essen. **Genießen** Sie es und konzentrieren Sie sich auf den Geschmack. Sie werden sehen, der Stress lässt fast augenblicklich nach. Wenn der Stress verschwunden ist, belohnen Sie sich mit dem zweiten Stück.

➤ Sind Sie ein großer Schokoholiker, dann ersetzen Sie doch eine Zwischenmahlzeit durch einen **Schokoladenimbiss**. Der könnte so für 200 Kalorien aussehen:

- ❖ 35 Gramm Vollmilchschokolade oder
- ❖ 40 Gramm Zartbitterschokolade oder
- ❖ 45 Gramm Edelbitterschokolade mit mindestens 60 Prozent Kakaoanteil oder
- ❖ 3 Pralinen

➢ Sie lieben Ihren Schokoladenpudding und möchten eine Diät durchziehen? Hier kommt die gute Neuigkeit. Sie müssen nicht auf Ihre **Süßspeise** verzichten, sondern nur die Kalorien pro 100 gr vergleichen. Alles ist erlaubt mit bis zu 200 Kalorien pro 100 Gramm. Und dann genießen Sie.

Genuss ist der Schlüssel zum Erfolg von weniger essen und jeder Diät. Doch auch um zu innerer Ruhe zu gelangen. Denn wer genießen will, muss Stress und Ärger erst herunterfahren, um zum vollen Genuss zu gelangen.

Sex , Entspannung und innere Ruhe

Sie werden vielleicht schmunzeln bei dieser Überschrift, doch tatsächlich gibt es einen engen Zusammenhang zwischen Sex, Entspannung und innerer Ruhe.

Sex ist wichtig für jeden Bereich in unserem Leben und je besser der Sex ist, umso höher unsere Leistungsbereitschaft wie die Qualität unserer Lebensumstände.

Sehen wir uns die einzelnen Bereiche näher an:

Beim Sex werden Endorphine, die **Glückshormone**, in weit größerem Maße ausgeschüttet, als bei einer bestandenen Prüfung, das fanden englische Wissenschaftler in einem Versuch heraus. Der Mensch kann viel besser entspannen und die innere Ruhe kehrt für durchschnittlich drei bis fünf Tage zurück.

Bei Frauen ist zu beobachten, dass regelmäßiger und vor allem guter Sex das **Prämenstruelles Syndrom**, oder kurz PMS, lindert. Die häufige Gereiztheit oder auftretende Kopfschmerzen kurz vor der Menstruation verschwinden fast völlig durch befriedigenden Sex.

Durch die Kontraktionen beim Höhepunkt bei Männern wie Frauen werden **Muskelverspannungen** im Rücken und dem Nacken nachhaltig gelockert oder sogar gelöst.

Im **kognitiven Bereich** konnte festgestellt werden, dass Problemlösungen sich einfacherer gestalten, das Selbstvertrauen kehrt zurück, die geistige Leistungsfähigkeit steigt allgemein an. Österreichische Forscher stellten außerdem eine höhere Gedächtnisleistung wie eine bessere Durchsetzungsfähigkeit fest.

Sex wird auch gern als Jungbrunnen schlechthin bezeichnet. Sehen wir uns das näher an:

Durch die sexuelle Erregung wird die Haut besser durchblutet. Das lässt die **Haut jünger** und straffer erscheinen. Die erhöhte Tätigkeit der Lymphgefäße baut Schadstoffe schneller ab. Damit altert die darüber liegende Haut langsamer. Die Faltenbildung wie das Entstehen von Cellulite wird vermindert und verzögert. Durch guten Sex können die Mineralstoffe und Vitamine besser aufgenommen werden. Insgesamt bedeutet das, der Alterungsprozess wird durch Sex aufgehalten sowie verzögert.

Amerikanische Forscher haben nachgewiesen, dass zweimal Sex in der Woche, das **Immunsystem** nachhaltig stärken und widerstandsfähiger gegen Krankheiten machen. Selbst die Wundheilung wird durch die Ausschüttung einer vermehrten Anzahl von Antikörpern verbessert.

Und ganz wichtig dürfte die Tatsache sein, dass guter und befriedigender Sex pure **Entspannung** ist. Um ein wirklich beglückendes Erlebnis zu haben, muss der Mensch in diesem Moment loslassen und genießen können. Immerhin lassen Sie diesen

Augenblicken den Alltag los und Sie konzentrieren sich auf Ihre eigene Person und die des Partners. Sie werden verwöhnt und Sie verwöhnen.

Falls Sie keinen Partner haben, bedeutet das nun nicht, dass Sie jetzt losziehen und einen One Night Stand haben müssen. Abgesehen davon, dass diese kleinen Erlebnisse eventuell eine kurzzeitige und häufig gar nicht so befriedigende Entspannung bringen, ist die Gefahr von Krankheiten und anschließender Frustrationen weitaus höher. Die Entspannung durch Sex in einer Partnerschaft ist nachgewiesenermaßen weitaus effektiver als bei einem kurzen Abenteuer.

Vielfach wird aus falscher Scham und wegen dem allgemeinen Tabu die **Selbstbefriedigung** als Spannungslöser im Alltag unterschätzt. Doch grade wenn kein Partner vorhanden ist, ist das eigene, sexuelle Verwöhnen die optimale Lösung, um Stress, Ängste und Anspannungen nachhaltig zu vertreiben. Studien weisen nach, dass Menschen, welche sinnvoll, und nicht zwanghaft, Selbstbefriedigung praktizieren, länger leben, entspannter den Alltag bewältigen und viel belastungsfähiger sind.

Noch ein Wort zur **zwanghaften Selbstbefriedigung**. Darunter verstehen Experten, die Befriedigung nicht aus der Lust heraus, sondern ein fast tägliches Masturbieren, um die Leistungsfunktion quasi zu erhalten. Häufig spielt hier die Angst vor dem Verlust der Erektionsfähigkeit bzw. einer möglichen Impotenz durch Nichtbenutzung, vor allem bei Männern, dem gesunden Menschenverstand einen Streich.

Familie und Partnerschaft

Meist nur unbewusst, wird die Familie oder Partner als wichtiger Katalysator für die Entspannung wahr genommen. Doch grade beruflicher Stress oder andere auftretende Schwierigkeiten können in der familiären Gemeinschaft weitaus besser aufgefangen und gelöst werden.

Besonders Männer nehmen diese Möglichkeit, **Probleme zu teilen**, indem diese mit der Familie oder der Partnerin besprochen werden, kaum wahr. Zu tief sitzt oft ein veraltetes Rollenverständnis, wonach der Mann sich allein um alle Probleme zu kümmern hat.

Dabei kann es sehr erleichtern, Probleme mit dem Partner oder der Partnerin zu besprechen. Die Last der Verantwortung wird in diesem Moment nicht mehr allein getragen und häufig können gemeinsame Lösungen gefunden werden, nur durch den Gedankenaustausch.

Aber auch **gemeinsame Unternehmungen** durchbrechen den Alltag, der vielfach für Stress und Anspannung sorgt. Neue Eindrücke und Erlebnisse bringen eine belebende Wirkung in den Alltagstrott und sorgen für eine wohltuende Entspannung.

Noch etwas zum **gemeinsamen Lachen** als unterschätzter Entspannungsfaktor. Dass Lachen entspannt, ist allgemein bekannt. Inzwischen gibt es viele Kurse, die das Lachen als Entspannungstechnik anbieten. Denn das tägliche Lachen vertreibt nachhaltig die Stresshormone, sorgt für ein besseres

Wohlbefinden und bringt das innere Gleichgewicht zurück.

Vielfach wird die Meinung vertreten, es gäbe ja kaum noch etwas zu Lachen. Das ist ein Irrtum. Beobachten Sie doch Ihre Kinder, diese sind für **Situationskomik** berühmt. Oder schauen Sie sich doch eine Komödie wieder einmal an. Lustige Videos im Internet können für einen unterhaltsamen Familiennachmittag mit viel Lachen sorgen. Wie sieht es mit Karaoke aus oder ähnlichem aus?

Fazit: Entdecken Sie Ihre Familie neu und teilen Sie Probleme wie das Lachen mit Ihrem Partner. Das entspannt die Seele und macht die Problembewältigung im Alltag leichter.

Positives Denken, was bringt das?

Kurse für positives Denken schießen wie Pilze aus dem Boden, je mehr sich die allgemeine Lebenssituation der Menschen verschlechtert. Doch was bringt dieses positive Denken als Entspannung tatsächlich?

Mehr, als Sie vielleicht im ersten Moment denken. Positives Denken ist eigentlich nichts anderes als gelebter Optimismus und bringt Ihnen im Alltag sehr viel.

Wer positiv denkt, entspannt automatisch, nimmt auftretende Probleme leichter und beugt so der Entstehung von Stresshormonen vor. Diese

Menschen sind auch allgemein beliebter bei anderen Personen, da durch das positive Denken eine mögliche Problembewältigung sich einfacherer gestaltet und eher ein Erfolg in privater wie beruflicher Hinsicht sich einstellt.

Zudem wirken Optimisten gesund und sind geistig wie körperlich belastungs- und leistungsfähiger. Es ist nachgewiesen, dass positiv denkende Menschen Selbstheilungskräfte zur Unterstützung bei Krankheiten mobilisieren können. Misserfolge werden als kurzzeitige Rückschläge angesehen oder einfach als Erfahrungen verbucht. Diese Leichtigkeit in vielen Lebensbereichen macht solche Menschen für andere Personengruppen attraktiv.

Sie fragen sich vielleicht, ob **positives Denken erlernt** werden kann. Die Antwort darauf ist ein eindeutiges Ja! Mit kleinen Übungen können Sie Ihrem Denken und Fühlen eindeutig eine neue Zielrichtung geben. Hier einige kleine Tipps:

1. Ihr Tag verlief sehr stressig und problemreich? Sagen Sie sich vor dem Schlafen, dass es morgen nur besser werden kann. Und das wird es tatsächlich. Der Schlaf hilft beim Verarbeiten der Probleme und der Körper wie die Seele erholt sich nachhaltig durch den Schlaf. Und am nächsten Tag sind Sie wieder fit für die gestrigen Probleme, die nun gar nicht mehr so groß wirken werden.
2. Sie haben eine Enttäuschung erlebt und wissen nicht, wie Sie diese bewältigen sollen? Verbuchen Sie diese Enttäuschung einfach als

Erfahrung. Sagen Sie sich, dass Sie nun wissen, wie Sie es in Zukunft nicht mehr tun werden oder dass Ihnen die Zeit zeigen wird, wofür diese Erfahrung gut war. Denn jegliche Enttäuschungen oder Erfolge sind letztlich nach einiger Zeit nur Erfahrungen, aus denen wir lernen können. Nehmen wir auch schlechte Dinge als etwas Gutes für unser weiteres Leben an, dann werden daraus gute Erfahrungen, auch wenn sie im Kern erst einmal schlecht waren.

3. Entdecken Sie die kleinen Wunder im Alltag. Kinder können Ihnen ganz einfach die Wunder zeigen, denn sie entdecken diese jeden Tag. Das kann ein Regenbogen sein, das erste Schneeglöckchen oder ein Marienkäfer. Es gibt viele Wunder um uns herum und mit dem zunehmenden Alter vergessen wir, diese alltäglichen Dinge richtig wahrzunehmen. Aber durch diese Wahrnehmung können Sie auch wieder positiv Denken.

Zusammenfassend kann gesagt werden, dass positives Denken extrem wichtig für die Entspannung und das allgemeine Wohlbefinden ist. Ein weiterer positiver Nebeneffekt ist die umfassende Anerkennung der eigenen Persönlichkeit durch die Umwelt. Ihre Wahrnehmung verändert sich und Sie werden sensibler, aber gleichzeitig stärker und belastungsfähiger. Positives Denken lohnt sich also in jeder Beziehung.

Entspannung durch das Haustier

Wer allein lebt oder Kinder hat, sollte sich unbedingt für sein Wohlbefinden ein Haustier anschaffen. Sei es eine Katze, der Hund, Kaninchen oder Hamster, das Streicheln der Tiere baut Spannungen ab, sorgt für innere Ruhe und beseitigt jegliches Gefühl von Einsamkeit. Kinder lernen durch Haustiere, Verantwortung zu übernehmen und Eigenheiten zu respektieren.

Haustiere haben eine nachgewiesene, entspannende Wirkung, beugen dadurch einem Herzinfarkt vor und helfen bei Depressionen.

Inhaltsverzeichnis: